산
색

산색

처음 펴낸 날 | 2005년 3월 25일
일곱번째 찍은 날 | 2013년 9월 25일

지은이 | 운서 주굉
옮긴이 | 연관

편집 | 홍현숙, 조인숙
펴낸이 | 홍현숙
펴낸곳 | 도서출판 호미

등록 | 1997년 6월 13일(제1-1454호)

주소 | 서울시 마포구 연남동 239-44번지 1층
편집 | 02-332-5084
영업 | 02-322-1845
팩스 | 02-322-1846
전자 우편 | homipub@hanmail.net

디자인 | (주)끄레 어소시에이츠
필름 제판 | 문형사
인쇄 | 대정인쇄
제본 | 성문제책

ISBN 89-88526-41-4 03810
값 | 9.500원

호미 생명을 섬깁니다. 마음밭을 일굽니다.

죽창수필 선역

산색

운서 주굉 지음 | 연관 옮김

호미

조각조각이 전단栴檀인 것을

설익고 서툰 채로 「죽창수필」을 세상에 내보인 지 15여 년이나 되었다. 그 동안 가슴에 밤송이가 들앉은 듯이 마음이 편치 않았다.

바탕이 그러한데 옷을 갈아입는다고 본새가 달라질까마는, 내보이지 않았으면 모를까, 이왕 세상에 얼굴을 내밀었으니 그나마라도 고치고 다듬고 단장하지 않으면 어찌하겠는가. 그리하여 이 책을 다시 출간하는 것이다.

「죽창수필」 전 3권 450여 이야기 가운데 140여 개를 가려 뽑아 묶었다.

조각조각이 전단栴檀인데 무엇을 버리고 무엇을 취하랴만, 승가僧家에 관한 이야기를 아주 버릴 수야 없었으나 그 가운데서도 세상 사는 이치에 대해 말씀한 항목을 더 많이 뽑았다. 이는 격류를 건너는 듯한 세상살이에 튼튼한 징검돌이 되고, 저물어 가는 듯한 세상의 정의를 바로 세우는 데 남은 햇살이나마 되고자 함이니, 이것이 운서雲棲 스님이 글을 적은 본디 뜻이기도 하고 옮긴이의 바람이기도 하다.

2004년 12월, 옮긴이 적음

운서 주굉 스님과 「죽창수필」

양산의 금강대金剛臺는 소금강小金剛이라고도 불리는 곳이다. 주인 일 장 스님이 엎드려 좌선하고 전경轉經하다가, 그도 싫증나면 그림도 그리 고, 물을 길어 차를 우려 마시기도 하고, 서너 골 남짓한 남새밭을 가꾸기 도 하며 살았는데, 우리에게는 기별도 없이 불쑥 찾아들어 주인의 한적함 을 훼방하며 옷깃을 풀어헤치고 방자放恣를 떨기에 안성맞춤인 곳이기도 하였다.

어느 날 화상이 내게 책 한 권을 내놓으며 "내용이 간솔하고 좋은 책이 니 스님도 한 번 읽어 보오" 하였다. 「죽창수필」과의 만남은 이러한 인연 으로 이루어졌다.

주굉 스님께서 머리말에서 밝혔듯이 「죽창수필」은 송나라 홍매洪邁의 「용재수필容齋隨筆」의 체재를 따르고 있다. 모두 3권 450여 이야기로서, 제1필第一筆과 2필은 먼저 완성되었고 제3필은 나중에 쓰였다. 3필의 머 리말이 스님께서 돌아가신 바로 그 해에 쓰인 것으로 봐서, 앞의 두 권은 생전에 출판되고 셋째 권은 사후에 나왔으리라고 생각한다.

선禪을 말하였으나 향상현담向上玄談을 밝히지는 않았다. 철저히 깨닫 기만을 권하여 "깨달은 뒤에 말할 줄 모를까 염려 말라" 하였다. 겸하여 염불을 권장하였는데, 선의 견성見性이 곧 구품九品의 상품상생上品上生 이라고 규정지었다. 또 방생을 권장하고 살생을 엄금하였다. 특히 살생은 인간의 가장 큰 죄악이라고 강조하여 말했다.

아무 비판도 없이 전통적으로 지켜 온 구습이나 시폐를 지적한 점에도 귀를 기울여야 한다. "스님이 무엇이기에 부모에게 절을 하지 않는단 말인가! 부처가 되고 나서 부모의 귀의를 받아도 늦지 않다" 하였다. 이 같은 문제에 대한 비판적인 견해는 스님의 다른 저서인 「정와집正訛集」에서 집중적으로 다루어졌다.

세상에 흔히 전하는 사람 사는 얘기나 기담 따위도 재미 이상의 되씹을 맛이 있다.

스님의 필봉은 노고추老古錐, 바로 그것이다. 원숙하면서 날카롭다. 상相에만 치우쳐 고집하지도 않고 성性에만 파묻혀 빠지지도 않는다. 거산居山이 발을 오므린 것이라면 행각行脚은 발을 뻗은 것이다.

스님의 이름은 주굉袾宏, 자는 불혜不慧, 호는 연지蓮池이다. 속성은 심沈 씨로서, 서기 1535년 을미, 명나라 세종 가정嘉靖 14년에 고항古杭 인화仁和에서 대대로 유가儒家의 학문을 익혀 온 청렴한 가문의 후예로 태어났다. 열일곱 살에 제자원弟子員이 되어 무리 가운데 혜업慧業이 가장 뛰어났으나 과거에는 나아가지 않았다. 오로지 출가에 뜻을 두고 있었기 때문이다.

스물일곱 나던 해에 아버지의 상을, 서른한 살에 어머니의 상을 당하자 슬피 울며, "어버이의 은혜는 망극하시다. 내가 이 은혜를 갚으려면 바로 이 길밖에 없다" 하고 출가하기로 결심한다. 그리하여 1565년 을축 섣달 그믐날, 부인 탕湯 씨와 찻잔을 마주하고 앉았다.

"은애恩愛란 허망한 것이요, 생사生死는 아무도 대신해 줄 이가 없소. 나는 떠나려 하니 그대는 스스로 갈 길을 정하오."

이 말을 듣고도 탕 씨는 놀라지 않았다.

"군께서 먼저 떠나소서. 첩은 천천히 가리이다."

탕 씨는 그 뒤에 출가하여 이름을 주금株錦이라 하고 효의암孝義庵에 살았다. 행실이 청정하고 도덕이 고상하여 '보살 비구니'로 일컬어졌다. 스님보다 한 해 먼저 입적했다. 이는 뒷날의 일이다.

그리하여 스님은 서산西山의 무문 성천無門性天 문하에 출가하고 소경사昭慶寺 무진옥無塵玉 율사에게서 구족계를 받았다. 서른두 살 때였다. 얼마 뒤에 표주박 하나와 지팡이 하나로 제방을 떠돌아다니며 선지식을 참견하였는데, 북으로 오대산五臺山에서 문수 보살의 방광을 만나고 복우산伏牛山에서는 대중과 함께 정진하기도 하였다. 서울에 가서 변융偏融과 소암笑岩 두 분 대로大老를 뵙고 마침내 마음을 열게 되었다. 그 이야기인즉, 하루는 소암을 뵙고 가르침을 구하였는데 소암이 "그대는 삼천 리 밖에서 나를 찾아와 도를 물으나 내게는 아무 것도 보여 줄 것이 없네" 하였다. 그 말에 마치 높은 벽을 마주한 듯이 아득하여 천지 사방을 헤아리지 못하던 중에, 동창東昌을 지나다 성루의 북소리를 듣고 홀연히 깨닫고 다음과 같이 읊었다.

이십 년 전의 일이 의심스럽다 하여
삼천리 밖의 도인들 무엇이 기특하랴.
선악이 모두 꿈인데
마와 부처가 부질없이 시비하네.
二十年前事可疑
三千里外道何奇
焚香擲戟渾如夢
魔佛空爭是與非

행각 중에도 모친의 상이 아직 끝나지 않았다 하여 걸망 속에 늘 위패를 모시고 다니면서 공양 때는 반드시 먼저 바치고 먹었다. 효성이 이와 같았다.

와관사瓦官寺에서 병이 들어 숨이 멎었는데 다비를 하려 하자 웃음지으며 "내 숨이 아직 남았네" 하고 일어난 적도 있었다.

마흔네 살 되던 해(1571년)에 범촌梵村에서 걸식하다 운서雲棲의 산수가 그윽한 것을 보고 이 곳에서 머물기로 결심한다. 암굴에서 홀로 지내면서 양식이 떨어져도 벽에 기댄 채 단정한 자세를 흐트러뜨리지 않았고, 우글거리는 범을 물리쳐 주변 40여 리 백성들이 호환을 면하게 한 적도 있었으며, 가물 때에 염불을 외어 단비를 내리게 하기도 했다. 그리하여 귀의해 오는 백성들이 늘어나서 운서사雲棲寺가 이루어지고, 도행이 크게 떨쳐져 천하의 납승衲僧이 귀심하여 마침내 총림이 이루어졌다. 스님의 도행을 피부로 느껴 보려면 '운서공주규약雲棲共住規約'을 보는 것이 가장 적합하리라. 한번 읽어 보실 것을 권한다.

서기 1615년(만력 43년)에 돌아가셨다. 세수는 여든한 살이었다. 청나라 옹정雍正 때 세종이 '정묘진수淨妙眞修'를 시호로 내렸다. 변융 진원偏融眞圓(1506-1584년)의 법을 이었고, 정토종 제8대 조사로 꼽히기도 한다.

스님의 저서 30여 가지는 청나라 때 「어선어록御選語錄」에 편입되니, 돌아가신 뒤에 성광聲光이 더욱 빛나 현재에도 「운서법휘雲棲法彙」 전 4권에 남아 전한다.

아, 스님은 송나라의 영명永明 화상이 다시 오신 것일까. 어찌 그리 행리가 흡사하신가! 감산 덕청憨山德淸은 '아미타불의 후신'이라고 칭송하기도 하였다.

지금쯤 히말라야의 어느 산중에서 우거하고 있을 성우 스님이 뒷날 이 책이 출간된 것을 알면 틀림없이 쉽게 번역에 손댔다고 나무랄 것이다. 그러나 이 글을 읽고 운서 스님이 글을 적은 본디 뜻에 머리를 끄덕이는 이가 있으면 옮긴이의 허물도 다소 덜어지리라.

이 책이 출간되도록 애써 준 여러 분께 감사드린다.

경오년(1990년) 12월, 옮긴이 적음

*이 글은 본디 옮긴이가 처음 「죽창수필」 완역본을 펴냈을 때 쓴 머리말이다. 「죽창수필」과 지은이 운서 주굉 스님에 대한 독자의 이해를 돕고자 여기에 다시 실었다.

차례

11

죽창수필 선역

산색

서序

　예전에 「용재수필容齋隨筆」이라는 책이 있었는데, 내가 이를 본떠 때때로 보고 느낀 것을 죽창竹窓 아래에서 붓 가는 대로 적다 보니 어느새 일권과 이권 두 권이 되었다.

　내 나이 이미 팔순이다. 지난 일흔아홉 해 동안 지은 잘못을 다소나마 알 만하고 마음이 아직 고요하지 못함도 스스로 잘 알고 있으나, 오랫동안 낙생당樂生堂에 엎드려 있을 뿐, 조주 노인처럼 신발이 헤지도록 부지런히 행각할 수 없음을 어찌하랴. 그리하여 앉은 채로 천산千山을 달리고 순간에서 백세百世에 노닐며 느끼고 본 것을 적으니 다시 책 한 권이 되었다.

　이렇게도 말하고 저렇게도 설하며 주인이 묻고 손이 대답하듯이 갖가지 일들을 언급하였으나, 말하려 한 요점은 수행의 문을 바로잡고 마음을 밝히는 데 있을 뿐이다. 그 나머지는 세속의 일이라 정법 교화와는 아무 관계가 없으니 수행에 도움될 것이 없다고 생각되면 이를 굳이 볼 까닭이 없다.

　아, 이 늙은 몸이 어찌 주머니 속에 넣어 주둥이를 동여매 두지 않고 이렇게 주책없이 지껄이고 있는 것인가. 그러나 나 이제 늙었으니 지는 해가 또 얼마나 남았느뇨. 이렇게나마 말하지 않고 또 어느 때를 기약할 것이며, 지금 중생을 이익되게 하지 않으면 언제 또 저들을 구휼할 것이랴.

　그리하여 이 글을 쓰노라.

　만력萬曆 을묘년(1615년) 봄, 후학 운서 주굉 삼가 쓰다.

1

날쌘 말은
채찍 그림자만 보고도 내달린다.
송곳이 살갗에 꽂혀서야
알아채는 것은 둔한 말이다.

마음으로 얻어라

　귀로 듣고 얻은 것은 눈으로 직접 보고 얻은 것의 넓음만 못하고, 눈으로 보고 얻은 것은 마음으로 깨달아 얻은 것의 드넓음만 못하다.

　마음을 임금으로 삼고, 눈을 신하로 삼고, 귀를 관리로 삼는 것은 옳다 하겠으나, 눈으로 마음을 대신하는 것은 못난 짓이요, 귀로써 눈을 대신하는 것은 더욱더 못난 짓이다.

조개와 굴을 먹다

진鬥의 하윤 이 이런 말을 하였다.

"뱀장어나 게 따위가 죽을 때는 사지를 움츠리며 발버둥치는 모습이 측은히 여겨지기라도 하지만, 대합이나 꼬막 같은 것은 눈도 감고 입도 다물고 나면 도무지 죽었는지 살았는지를 알 수 없고, 초목과 같이 소리도 없고 냄새도 없으니 기와 조각과 무엇이 다르겠는가. 솥에 넣고 삶아 먹은들 아무 상관이 없다."

슬프다, 도대체 무슨 말을 하는 것인가. 이것들이 비록 눈이나 입이 없고 죽었는지 살았는지도 모르고 소리도 냄새도 없으나, 어찌 몸을 꿈틀거릴 줄도 모르겠는가. 몸이 있고 꿈틀거릴 줄을 안다면 지각이 있는 것인데, 그대가 그것을 알아채지 못할 따름이다. 더욱이 눈이나 입 등을 실제로 갖추고 있지만 지극히 미세하여 범부의 눈으로 볼 수 없을 따름이다.

이러한 중생을 삶아 음식으로 먹겠다고 하니, 윤胤의 죄가 위로 하늘에까지 닿을 것이다.

동문의 사냥개

이사[1]가 죽임을 당하는 자리에서 그의 아들에게 말했다.

"내가 너와 함께 다시 사냥개를 끌고 팔에 매를 얹고서 상채上蔡의 동문을 나가 토끼를 사냥하고 싶은데, 그럴 수 있을까?"

두 부자가 서로 붙들고 운 뒤에 삼족이 멸해졌다.

이사는 지금 부귀한 몸으로 죽는 것이 예전에 가난하면서도 살아 있던 것보다 못한 것을 안타까워했던 것인데, 어찌 토끼가 매나 사냥개에게 죽임을 당하는 것이 자신이 도끼 날로 죽임을 당하는 것보다 하잘것없다고 생각하였을까. 토끼는 떼로 죽임을 당하였고 그는 삼족이 멸하였으니 비로소 똑같아졌구나.

그런데도 그의 죄를 알지 못하고 도리어 그 때를 부러워했으니, 이사 부자는 죽음에 다다라서도 이를 깨닫지 못했다.

사슴을 죽여 제사하고 이름을 구하다

학문은 이루었으나 오랫동안 급제하지 못하던 한 선비가 문창[1]을 우러
러 빌기를 "향과鄕科를 이루면 반드시 사슴을 죽여서 제사를 지내겠습니
다" 하더니, 얼마 뒤에 향과에 합격하였다. 소원을 이룬 뒤에 다시 대과大
科를 앞두고 춘관[2]에 올라가 사슴 두 마리를 바쳐 제사 지내며 급제하기
를 빌었으나, 급제하기도 전에 선비는 죽고 말았다.

아, 사슴을 죽여 자신의 복록을 구하는 짓을 그대들도 아무 거리낌이
없이 하고 있지는 않는가.

묘 쓰기

　내가 늙고 병이 드니 대중들이 땅을 골라 탑을 세우려고 하면서 여러 번 이를 변경하니 나는 탄식하노라. 세상 사람들이 극진한 마음으로 풍수를 살피는 것은 자손이 대대손손 끊이지 않고 부귀 공명을 누리기를 바라서일진대, 대중들은 이 음덕으로 자의紫衣 국사라도 배출되기를 바라는 것일까.

　고인은 "저 숲 속에 내다 버려 짐승들이 먹게 하라"고도 말씀하셨다. 나를 까마귀나 여우의 뱃속에 넣으려 들지 않는 것만으로도 만족하게 생각하고 있으니, 나머지 일은 도를 닦는 사람으로서 알 바가 아니다.

마음의 비유

마음을 비유한다는 것은 결코 가능한 일이 아니다. 그저 부득이한 방편으로 비슷하게 말할 뿐이다. 두어 가지 보기를 들어 보리라.

마음을 거울에 비유하기도 한다. 거울은 대상을 온전히 비춰 보이기는 하지만, 대상이 아직 이르지 않았는데도 미리 맞이하는 법은 없으며, 대상을 마주할 때에 미워하거나 좋아하는 마음이 없으며, 대상이 사라지면 거울에는 아무런 자취가 없다. 이는 성인의 마음은 항상 고요하고 항상 비추되 과거와 현재와 미래의 삼제三際가 텅 비어 고요하기 때문에 거울과 같다고 비유하는 것이다.

그러나 이것은 비슷한 점만을 취하였을 뿐으로 사실과는 다르다. 거울은 지각이 없는 물건인데 마음이 과연 이와 같이 지각이 없는 것인가. 그렇다면 캄캄하여 신령스럽지가 않으니 어찌 '미묘하고 밝은 참다운 몸'이라 할 수 있겠는가.

마음을 또 보배로운 구슬이나 허공에 비유하기도 하는데, 이와 같은 비유도 모두 마찬가지이다.

"어리석은 사람이 죽어서는 지혜롭다"

「낙양가람기」에 "사서史書에 적힌 것은 모두 사실이 아니다. 살아서는 어리석었던 사람이 죽어서는 지혜롭다" 하였는데, 이는 너무 지나친 표현이라고 생각한다. '역사는 지나치게 미화되는 경우가 없지 않아서 크게 믿을 만한 것이 못 된다'라는 뜻으로 말한 것이겠지만, 어쨌든 "모두 사실이 아니다"라고 말한 것은 지나치다.

역사를 '직필直筆'이라고 하였으니 어찌 사실이 아닐 것이며, 공자는 "외관이 내용보다 나은 것이 역사이다"라고 하였으니, 그렇게 보면 사실이 아닌 것도 적혀 있을 수 있다는 것이겠다. 그렇다면 반드시 "모두 사실이 아니다"라는 말을, "모두가 사실인 것은 아니다"로 바꾸어야 할 것이다.

옛 성현은 사람을 인정하는 일을 신중히 여기어 그의 평가 한마디가 천고에 표준이 될 만하였다. 그런데 지금은 똑같이 인정人情으로만 대하여 근거도 없이 아첨하고 찬탄하여 식견이 있는 사람에게 웃음거리가 되곤 하니, 참으로 통탄스러운 일이다. 「낙양기」에서 이런 점을 통렬히 발론하여 말세의 폐단을 지적한 것은 바로 그 때문이니, 이렇게 설파하지 않으면 「전등록」에 수록된 전대의 올바른 선지식과, 성명을 적당히 배열하여 조도祖圖[1]에 끼워 넣은 요즘 사람을 어떻게 구별할 수 있겠는가!

앞으로 내 제자는 내 부족한 점을 꾸미어 명공明公 대인大人을 모독하는 죄를 짓지 말라!

양로서養老書

　어떤 이가 엮은 양로서養老書에는 노인이 먹을 만한 음식을 적되, 대체로 산 것을 구워 먹으라고 권하면서, 심지어 참새, 기러기, 꿩, 원앙, 사슴, 토끼, 낙타, 곰, 오소리까지 늘어놓고 있었으니, 부유한 사람이라도 다 갖추어 맛보지 못한 것들이었다. 선덕先德이 "그대들이 아무리 건강에 힘쓴다고 하더라도 죽음에 맞서지는 못할 것이다" 하셨으니, 늙어서 마음을 쉬도록 권하지 않고 어찌 도리어 산 생명을 죽이라고 부추기고 있는가. 세상의 노인들과 그의 자식들을 모두 지옥에 떨어지게 하는 것은 이 책의 책임이다.

　공자는 "노인을 편히 모시되 산 생명을 죽이면서까지 그들을 편안하게 할 일은 아니다" 하였고, 맹자는 "칠순 노인에게는 고기를 먹게 하되, 여러 가지 중생의 살을 먹게 할 것은 아니다" 하였으니, 이런 옳지 못한 선례를 처음 만든 사람은 깊이 생각해 보라.

사람의 목숨

어떤 스님이 병이 깊이 들어 앓아 누운 지 꽤 오래 되었다. 대중들은 모두 그가 곧 죽을 것으로 여기고 있었으나, 정작 본인은 전혀 그런 생각이 없었다. 그래서 가끔 누가 곧 죽을 것이라고 염려하면 불쾌한 안색을 보이곤 하였다.

내가 뒷일을 생각하여 시자를 보내 한마음으로 염불할 것을 권하였으나, 그는 도리어 "남자는 병이 들어도 생일을 맞기까지는 무사한 법이니 그 때를 지내고 나서 천천히 생각해 보겠습니다" 했다. 그 달 17일이 그의 생일이었는데 그 날을 하루 앞두고 문득 죽고 말았다.

아, 부처님이 "사람의 목숨은 호흡하는 사이에 있다"고 하신 말씀은 건강한 사람을 위해 하신 말씀인데, 죽음이 눈앞에 닥쳤는데도 이를 깨닫지 못하니 참으로 애석한 일이다.

미움과 사랑

속담에 "그 사람을 사랑하면 그 집 지붕 위에 앉은 까마귀도 어여쁘다" 하였는데, 이것은 애정이 지극한 경우를 두고 말한 것이다.

그러나 어느 날 인연이 변하고 정이 멀어져서 사랑이 바뀌어 미움이 되고 마침내 그저 밉기만 한 경우가 허다하니, 전의 애정은 대체 어디로 간 것인가.

미움이 바뀌어 사랑이 되는 것도 또한 마찬가지다.

그러므로 사랑한다고 해서 반드시 기뻐할 일도 아니요, 미워한다고 해서 꼭 상심할 일도 아니다. 꿈속의 일이요 허공 속에 핀 꽃과 같이 본래 진실한 것이 아니기 때문이다.

취미

　사람은 누구나 세상을 살아가는 데 있어 저마다 좋아하는 일이 있기 마련이요, 또한 그 좋아하는 일을 하면서 세월을 보내고 늙어 간다.
　좋아하는 일에는 맑은 것도 있고 탁한 것도 있으니, 지극히 탁한 일은 재물을 좋아하는 것이요, 그 다음은 여자를 좋아하는 것이며, 그 다음은 술 마시기를 좋아하는 것이다.
　조금 맑은 것으로는 골동품을 좋아하거나 또는 거문고나 바둑을 좋아하며, 산수山水를 좋아하거나 시가詩歌 읊조리기를 좋아하는 것이다. 이보다 더 맑은 것은 독서하기를 좋아하는 것이니, 책을 펼치면 이익이 있어서 취미 가운데 독서가 가장 낫다 할 것이다.
　그러나 이것은 그저 세간법일 따름이니, 더 맑은 것은 불경 읽기를 좋아하는 것이요, 그보다 더 맑은 것은 마음을 깨끗이 거두기를 좋아하는 것이다.
　좋아하는 것이 마음을 깨끗이 하는 데에 이르면 세간이나 출세간의 취미 가운데 가장 훌륭하다 할 것이니, 차츰 아름다운 경계에 들어가는 것이 마치 사탕을 맛보듯 달콤할 것이다.

고요한 마음의 이로움 1

일상 생활에서 일어난 일을 두고 이럴까 저럴까 결정을 내리지 못할 때, 문득 새벽에 잠에서 깨어나 고요히 앉았노라면 시비是非와 가부可否가 분명해져 전날의 잘못했던 일들을 이 때에 깨닫고는 한다.

이를 보면, 여태껏 심성心性을 분명히 보지 못한 것은 모두 바쁘고 어지러운 마음이 본체本體를 가렸기 때문임을 알 수 있다.

옛 사람이 이르시되, "마음이 고요하면 진여성眞如性을 본다" 하고, 또 "성품의 물이 맑으면 마음의 구슬이 저절로 드러난다" 하니, 어찌 빈 말씀이겠는가.

고요한 마음의 이로움 2

술이나 식초 따위는 갈무리해 둔 지 오랠수록 맛이 더욱 좋아지는데, 그것은 모두 단단히 봉하고 깊이 저장하여 다른 기운이 전혀 스며들지 않았기 때문이다.

옛 사람이 이르시기를, "스무 해 동안 입을 다물고 아무 말도 하지 않으면 네가 어찌 부처를 이루지 못하랴!" 하셨다.

아름답다, 이 말씀이여!

귀신

어떤 이가 물었다.

"귀신은 있습니까?"

"실제로 있다."

"그렇다면 믿고 받들어야 하겠군요."

"그렇기도 하고 그럴 필요가 없기도 하다."

"무엇 때문입니까?"

"공자가 '귀신은 공경하면서도 또한 멀리하라' 고 하였으니, 이 한 마디 말로 설명은 충분하다. 공경하라는 말은 귀신이 있다는 것이요, 멀리하라 는 말은 귀신을 믿고 받들면서도 또한 그러지 말라는 뜻이니, 때맞추어 제사를 지내고 예의를 갖추어 교감할 따름이지, 지나치게 믿거나 신봉하여, 길흉을 알려 주고 복을 내려 주거나 영통을 얻기를 바라면 금방 삿된 길로 빠지고 만다."

아, 공경할 만하면서도 멀리할 필요도 없는 이는 우리 부처님과 여러 보살들이시니, 어찌 더욱더 믿고 받들지 않으랴.

사람의 잔인함

천지는 생물로써 사람들에게 먹을거리를 제공하니, 갖가지 곡식이나 과일, 채소, 수륙의 진미 같은 것이요. 사람은 또한 온갖 지혜를 써서 이것으로 떡을 만들거나 경단을 빚고, 소금과 식초를 치며, 삶기도 하고 굽기도 하여 참으로 무엇 하나 부족한 것이 없다. 그런데도 무엇이 모자라서 다시금 사람처럼 혈기가 있고, 자식이나 부모가 있으며, 지각이 있어서 아픈 줄도 알고 슬픈 줄도 알며, 죽는지도 사는지도 아는 생명을 죽여서 그 살을 먹고 피를 마시며 뼈를 씹는단 말인가. 이것이 대체 무슨 경우인가!

평소에는 착한 마음을 가져야 한다고 입으로 말하면서 실제로는 그렇지 못하니, 아 슬프다. 그들의 몸을 죽여 그들의 고기를 씹다니! 흉포한 마음, 참혹한 마음, 지독한 마음, 악한 마음으로 말하면 이보다 더한 것이 어디 있으랴. 착한 마음은 대체 어디에 있는가!

내가 예전에 「계살방생문戒殺放生文」, 곧 '죽이는 것을 경계하고 생명을 놓아주자는 글'을 지어 세상에 권했거니와, 이 책을 펴낼 때마다 적어도 열 권, 스무 권은 넘어 만들었다.

아름답다, 이 세상에 이런 어진 군자들이 있으니 얼마나 다행스러운 일인가!

즐거움

　과거 시험에 급제한 사람을 알리는 방이 나붙고, 새로 과거에 오른 사람이 거리로 풍악을 울리며 지나갔다.
　이를 보던 한 스님이 "훌륭하다, 얼마나 좋을까!" 하니, 다른 스님이 "장하다. 그러나 얼마나 슬픈 일이냐!" 하였다.
　앞의 스님이 그 까닭을 물으니, "자네는 그저 지금의 즐거움만 알았지 뒷날의 슬픔은 알지 못하는군!" 하였다.
　그러나 앞의 스님은 이를 알아듣지 못하고, 여전히 탄복하고 부러워하기만 하였다.

취생몽사

'취생몽사醉生夢死'라는 말은 누구나 쉽게 입에 올리지만 사실은 지극히 심오한 말이다.

세상에는 대체로 빈천하고 부유한 두 부류의 사람이 있는데, 빈천한 사람은 아침부터 저녁까지 허둥지둥 의식을 걱정하기에 바쁘고, 부귀한 사람도 아침부터 저녁까지 욕락을 누리기에 마냥 바쁘니, 수용하는 것은 같지 않으나 바쁘기는 매한가지이다.

그러나 바쁜 몸은 죽고 나면 그만이지만 분주한 마음은 끝나지 않으니, 그 마음을 그대로 지니고 가서 다시 태어나며, 다시 바쁘다가 다시 죽으니, 죽고 태어나고 또 다시 태어나고 죽도록 정신이 아득하고 혼미한 것이 마치 술에 취한 듯 꿈을 꾸는 듯하여 백겁百劫 천생千生을 지낼지라도 벗어날 기약이 없다.

아, 훤칠하게 홀로 여기에서 깨어난 자, 그것은 대장부라야 가능한 일이다.

초나라 왕이 활을 잃다

초나라 왕이 활을 잃어버렸다. 신하들이 이를 찾으려 하자, 왕은 "초나라 사람이 활을 잃어버렸으니 초나라 사람이 주웠을 것이다. 굳이 찾을 필요가 있겠느냐" 하였다.

공자는 "안타깝구나, 초 왕의 좁은 소견이여! '사람이 활을 잃어버렸으니 사람이 이를 주웠을 것이다' 하고 말하지 않고, 어찌 꼭 초나라 사람이 줍는다 하는가" 하였다.

참으로 넓구나! 초나라 왕이 바다와 같은 가슴을 가졌다면, 공자는 도량이 넓기가 천지와 같다고 할 만하다. 그러나 공자는 우선 초 왕의 말을 따라 이렇게 말하였을 뿐, 그가 말하고자 하는 것을 다하였다고 볼 수는 없다. 왜냐하면 마음 속에서 아직 활을 잊지 못하였기 때문이다. 이왕이면, 왕이 활을 잃어버렸으나 왕은 전과 다름없이 잃어버린 것이 없어야 하고, 왕이 다시 활을 얻더라도 왕은 전과 다름없이 얻은 것이 없어야 하는 것이다.

그러나 이 말도 부족하다. 아직 마음 속에 '나' 라는 것을 여의지 못한 것이니, '나' 라는 것을 여의었다면 어찌 '활' 이니 '사람' 이니 '초나라' 니 하는 것을 찾을 일이 있었겠는가.

진실로 어리석은 것

세상 사람들은 문자를 모르거나 어떤 일에 견문이 없으면 '어리석다'고 말한다. 그것도 어리석은 것이기는 하지만 진실로 어리석은 것은 아니다.

다섯 수레의 책을 다 읽어 모르는 문자가 없고, 온갖 기술을 다 배워 능숙하지 않은 일이 없으며, 거기에다 도리를 말하고 선禪을 설함에 막히는 데가 없더라도, 정작 일체 미망이 끊긴 진실한 경계를 따져 물으면 전도되고 미혹되어 앞에서 말한 '어리석은' 사람들에게서 도리어 비웃음을 당할 터이니, 이들이야말로 진실로 어리석은 사람이 아니랴.

물에 데고 나니 1

신축년, 내 나이 예순넷 되던 해의 정월 초열흘, 내가 여느 때와 같이 목욕을 하다가, 발을 헛디뎌 뜨거운 물에 발꿈치부터 허벅지까지 크게 데었는데, 그리고도 약을 잘못 써서 두어 달이나 지나서야 겨우 나았다. 그러는 동안에 고통을 많이 겪기는 했으나, 그 고통 속에서 평소의 허물을 돌아보며 크게 부끄러운 마음이 든 덕분에 보리심을 얻을 수 있는 계기가 되기도 하였다.

평소에는 이 몸이 건강하여 걷거나 앉을 적에 아무 불편이 없었다. 잠을 자거나 음식을 먹거나 담소하면서도 그것이 인간이나 천상의 큰 복인 줄을 전혀 알지 못했으며, 이런 복을 편안히 누릴 적에는 육도 중생의 고통은 전혀 생각하지 못했던 것이다.

내가 잠깐 편안할 때, 지옥 중생들은 온몸을 꺾이우고, 불길에 그을리고, 방아 찧듯 짓이겨지고, 맷돌에 갈리면서 얼마나 큰 고통을 당하고 있을 것이며, 구리 물을 마시고 피를 먹는 아귀 중생들은 얼마나 큰 고통을 당하고 있을 것이며, 쇠로 재갈이 물리고 안장이 얹히고, 칼로 베이고 솥에 삶기는 축생 중생들은 또 얼마나 큰 고통을 견디고 있을 것인가. 비록 사람의 몸은 받았으나 추위와 굶주림에 시달리는 이나, 병들어 시름하는 이나, 권속과 서로 이별하여 사는 이나, 옥에 갇힌 이, 세금에 시달리는 이, 물에 빠지고 불에 타 죽는 이, 뱀에 물리고 범한테 물려 죽은 이, 원한을 품고 억울하게 죽어 간 모든 중생들 또한 그 고통이 한량없을 것인데, 나는 이런 이들이 당하는 고통을 아예 모르고 지냈던 것이다.

그러나 물에 데어 고통을 겪은 뒤부터는 잠깐이라도 반드시 육도의 고통받는 중생을 생각하여 마음에 올바른 뜻을 세우고, 하루빨리 도과道果를 이루어 널리 일체 중생을 제도함으로써 그들이 모두 정토에 태어나서 보리심에서 물러나지 않기를 발원하였다.

 찰나라도 방심하면 어찌 위로 부처님의 은혜를 갚고, 아래로 신도들의 시주의 은혜에 보답할 수 있으랴. 노력하고 힘써야 하겠구나!

물에 데고 나니 2

부처님은 "사람의 목숨은 호흡하는 사이에 있다"고 말씀하셨다. 나도 늘 이 말씀을 들어 대중을 경책하곤 하였으나, 스스로 뼈저리게 느끼지 못하다가 뜨거운 물에 몸을 데는 액난을 당한 것이다.

내가 욕탕에 들어가려 할 때는 몸과 마음이 의기양양하였으나 곧 끓는 솥 속에 발을 헛디뎌 자칫 죽을 뻔했으니, 살아남은 것은 큰 다행이요 하늘이 도우신 덕분이었다. 그것은 찰나였으나 이 때가 죽고 사는 것의 분기점이었으니, "목숨이 호흡하는 사이에 있다" 하신 것이 어찌 진실한 말씀이 아니겠는가.

스님들이 부처님의 말씀을 들어 남에게 친절히 권하기는 하면서도, 그것을 저의 일로 삼는 일에는 소홀하거나 또는 아예 거들떠보지도 않음을 알 수 있었다.

나는 이 때 매우 부끄럽고 놀라 스스로를 크게 질책하지 않을 수 없었다.

물에 데고 나니 3

나도 여느 때에는 병중病中 공부를 두고 필릉가바차의 "진실로 깨달으면 몸을 잊어버린다"[1]라거나, 마조 대사의 "병들지 않는 사람이 있다"[2]라거나, 영가 대사의 "칼을 맞더라도 늘 편안하며, 독약을 마시더라도 한가롭다"[3]라거나, 조공肇公의 "사대四大[4]가 본래 공空하고 오온五蘊[5]도 있는 것이 아니다"[6]라는 따위의 말을 사람들에게 곧잘 들려주고는 했다.

그러나 발을 헛디뎌 뜨거운 물 속에 빠지는 액난을 당한 뒤에, 앞서 말한 내용으로 다시금 자신을 자세히 돌이켜보았다.

온몸이 쓰라리고 아프기만 한데 몸을 잊어버린다는 것은 무슨 말이며, 나는 지금 분명히 병이 들어 있는데 병들지 않는다는 것은 무슨 말이며, 칼과 독약으로 살갗을 도려 내는 듯한데 편안하고 한가롭다는 말은 대체 무슨 소리며, 사대와 오온이 실제로 내 몸인데 본디 공하여 있지 않다는 것은 또 무슨 말인가.

이처럼 평소의 얕은 지혜로는 도무지 아무 일도 이룰 수 없으니, 선정禪定의 힘이 없으면 죽음의 문에 복종할 수밖에 없기에, 구두 삼매口頭三昧[7]로 스스로를 속일 뿐임을 비로소 알 수 있었다.

아, 노력하고 힘써야겠구나!

물에 데고 나니 4

내가 자라, 거북, 개구리 따위를 물이 펄펄 끓는 솥에 산 채로 넣고 삶는 사람들에게 말하였다.

"저 중생들이 힘이 너만 못하고 또 감각 기관이 보잘것없어서 소리를 지를 줄 모를 뿐이지, 만약 힘으로 대적할 수 있으면 반드시 범처럼 너희를 잡아먹을 것이요, 소리를 지를 줄 알면 너희를 원망하고 고초를 당하면서 내는 소리가 천지를 진동할 것이다.

너희가 비록 지금은 그 과보를 피할 수 있을지 모르나 언젠가는 저 중생들이 너희를 가만두지 않을 것이다. 너희가 시험 삼아 잠깐만 한 손을 뜨거운 물속에 집어 넣어 보면 금방 알 수 있을 것이다. 나도 뜻하지 않게 끓는 물에 데는 과보를 받았는데, 생각해 보면 어릴 적부터 지금까지는 비록 이러한 업을 짓지 않았으나, 한량없는 생을 받아 오는 동안에 그런 업을 짓지 않았다고 어찌 장담할 수 있겠는가.

그러므로 물에 덴 일을 두고 누구를 원망하거나 탓하지 않고 편안한 마음으로 참고 받아들이면서, 아직 이르지 않은 업을 더욱 부지런히 닦아 갈 뿐이다."

험담

경전에 "남이 나를 험담할 적에 처음 한 마디를 내뱉었을 때 뒷말은 아직 미처 나오지 않았고, 뒷말이 마저 다 나왔을 때는 처음 말은 이미 없어졌다. 이것은 바람과 공기가 움직이고 떨리는 것일 뿐, 아무 것도 진실한 것이 없다. 만약에 이런 것으로 화를 낸다면 참새의 지저귐이나 까마귀가 우짖는 소리에도 으레 화를 내야 할 것이다" 하였으니, 이 말씀이 참으로 오묘하다.

그런데 어떤 사람이 "만일 제가 누군가를 비방하는 글을 쓴다면 한 번만 보더라도 글자마다 갖추어져 있고, 또 영원히 남아서 없어지지 않습니다. 어떤 방법으로 이를 없앨 수 있겠습니까?" 하고 물었다.

흰 것은 종이요 검은 것은 먹일 뿐이다. 어떤 것이 '비방'이라는 것인가! 더욱이 한 자 한 자가 모두 모음과 자음이 합하여 된 것이다. 그렇다면 책상 위에 놓인 한 권의 사전은 백천만억 가지의 비방서가 될 것이다. 어찌 그다지 미련한가!

그러나 이것은 오히려 중생을 상대로 들려 줄 만한 법문일 뿐이다. 아공我空[1]을 안다면 누가 그런 험담 따위를 마음에 두겠는가.

늙마에 간직해야 할 법문

　무상無常이 신속한 이치는 노소에 차이가 없다. 젊은이는 그래도 앞날이 창창하므로 오래 살기를 바라볼 수도 있을 것이다. 그러나 늙은이라면 분명 세월이 얼마 남지 않았으니, 저 무상이 아침에 이를지 저녁에 이를지를 생각하지 말고, 세상 일에 대해 훌훌 손을 털어 전혀 얽매임이 없이 하라.

　이것이 늙마에 간직해야 할 매우 긴요한 법문이다.

　소홀히 생각하지 말라! 소홀히 생각하지 말라!

남의 허물만 보다

세상은 몸을 삼가고 덕을 닦아서 이름을 널리 떨친 사람을 보면 갖은 방법으로 그의 허물을 들추기 일쑤인데, 이것은 시기하는 마음이 빚어 내는 박덕한 짓이다.

다른 사람의 저술을 보고 잘못된 곳을 들추어내기 좋아하는 것도 마찬가지이다. 한 가지 선행을 듣거나 좋은 책 한 권을 읽으면 기뻐하고 찬탄할 줄은 모르고 도리어 감추거나 없애 버리려고 하니, 이는 도대체 무슨 마음일까.

그의 행동이 삿되고 그의 저술에 잘못된 데가 있다면 마땅히 올바른 말과 정당한 논리로 그의 잘못을 분명하게 바로잡아 주어야 한다.

그렇다고 해서 반쯤은 칭찬하고 반쯤은 희롱하거나, 비판 없이 무턱대고 아부해서도 안 된다.

부음

부음訃音을 들으면 사람은 누구나 크게 놀란다. 이것이 비록 세상의 상
정常情이기는 하지만, 태어나면 반드시 죽는 것 또한 세상의 상사常事여
서 이제까지 아무도 이를 비켜 간 사람이 없으니 무엇이 새삼 놀랄 만한
일이겠는가.

다만 헛되이 살다 부질없이 죽어 가면서 도를 듣지 못하는 것이야말로
놀랄 만한 일이건만, 이 일에는 오히려 태연하여 전혀 놀라워하지 않으
니, 참으로 슬픈 일이다.

問春桂

桃李正芳華
年光隨處滿
何事獨無花

春桂答
春華詎能久
風霜搖落時
獨秀君知不

嘉詩
泉林 [印]

염불

　세상 사람이 조금 총명하면 염불을 가벼이 여기어 '어리석은 아녀자들이나 하는 짓'이라고 말한다. 어리석은 아녀자들이 입으로는 부처님 명호를 부르면서 마음은 천리 밖에서 따로 노니는 것을 보았기 때문이리라. 그러나 이것은 '독불讀佛'이지 '염불念佛'은 아님을 알지 못한 소치이다.

　염念이란 마음 속으로 생각하고 기억하여 잊어버리지 않는 것이다. 유교로써 비유하면, 선비가 온 마음으로 공자를 생각하고 기억하여 잊어버리지 않으면 공자에 거의 가깝게 다가갈 수 있는 것과 같다.

　마음이 온통 오욕五欲만을 생각하고 기억하는 것은 잘못이라 하지 않고, 도리어 온 마음을 다하여 부처를 생각하고 기억하는 것은 옳지 않다 하는구나!

　슬프다, 그렇게 일생을 헛되게 보내느니 차라리 어리석은 아낙네가 되는 것이 더 낫지 않겠는가.

　애석하다, 지혜로운 이라야 가능한 일이요, 어리석은 자는 능히 할 수 없다.

채식

부귀한 사람이 채식을 꺼리는 데는 두 가지 이유가 있는 듯하다. 하나는 입을 즐겁게 하는 고기 맛을 탐해서요, 또 하나는 채식으로는 몸이 부실해지지 않을까 염려해서일 것이다. 그러나 육식으로 몸이 강건해지고 채식으로 몸이 허약해지는 것은 아니요, 그것들 때문에 오래 살거나 요절하는 것도 아니다.

예컨대 사슴은 짐승 가운데 가장 오래 사는 짐승이지만 먹는 것은 풀뿐이요, 호랑이는 고기를 먹지만 사슴보다 오히려 오래 살지 못한다. 이것은 무슨 까닭일까. 사슴은 고기를 먹지 않지만 고기를 먹는 호랑이보다 오래 사니, 사람인들 어찌 그와 같지 않겠는가.

그러나 병고가 깊어서 채식을 하고 싶어도 힘이 부치는 사람이나, 어른을 모시고 있어서 채식을 하고 싶지만 제 뜻대로 할 수 없는 사람은 우선 한 달에 한 번이나 하루에 한 끼씩이라도 채식을 하거나 삼정육三淨肉[1]을 먹도록 해야 할 것이다.

다만 무슨 일이 있더라도 산 생명을 죽이지 않으려는 마음가짐이 중요하다. 이런 마음을 오래 지니어 가면 숙습宿習이 저절로 끊어질 것이다.

병은 중생의 양약

세상 사람들은 흔히 병을 고통으로 여기고 있으나 선덕先德은 병이 중생의 좋은 약이라고 하셨다.

병과 약은 판이하게 다른 것인데 어찌하여 병이 약이 된다는 것일까. 형체가 있는 이 몸뚱이로서 병을 앓지 않을 수는 없으니 이것은 아무도 어쩔 수가 없다. 그런데 병이 없을 때는 그저 즐기고 방탕하다가, 병고가 몸을 핍박해야만 비로소 사대四大는 진실한 것이 아니요 사람의 목숨은 무상한 것임을 알게 된다.

이 때야말로 예전의 잘못을 뉘우쳐 깨달을 수 있는 계기가 되고, 수행하여 앞으로 나아가는 데 도움이 되는 것이다.

나도 출가한 뒤로 지금까지 크게 병이 들어 죽을 뻔한 적이 세 번 있었다. 그 때마다 뉘우치고 깨닫는 마음을 내어 정진에 더욱 힘을 썼다. 그로 말미암아 '병은 좋은 약'이란 말이 참으로 지극한 말씀임을 믿게 되었다.

명리名利

　명예나 부는 사람이 누구나 바라는 것이다. 그런데, 옛 사람은 "구하려 한다 하여 쉽게 구해지는 것이 아니요, 버리려 하여도 또한 면할 수 없다"고 말씀하시니, "버리려 하여도 면할 수 없다"는 이 말씀이 지극히 미묘하다. 이 말씀을 반드시 깊이 믿고 골똘히 생각해 보아야 한다.

　구하려 하여도 쉽게 얻어지는 것이 아니라는 말은 누구나 잘 알고 있으나, "버리려 하여도 면할 수 없다"는 것은 쉽게 이해할 수 있는 말이 아니다.

　면할 수 없는 것인 줄을 알면 어찌 구하려 애쓸 것이 있으며, 또한 구하다가 얻지 못했다고 해서 언짢아하고, 얻었다고 해서 기뻐 날뛸 일이 있으랴.

　면할 수 없는 것임을 알면 무엇을 기뻐할 것이며, 또한 자신이 얻었다고 해서 기뻐하고, 남이 얻었다고 해서 시기할 일이랴.

　면할 수 없는 것임을 알면 무엇을 시기하랴. 모두 숙생의 깊은 인연으로 그렇게 되는 것이니, 일체의 바깥 경계가 허공과 같은 것인 줄을 알아서 이기고 지고, 영리하고 둔한 것에 마음이 담박해지리라.

　그러니 이 말씀이 미묘하지 아니한가.

道在
在
寒水增
宗林

꽃의 향기

마당에 백합꽃이 피어 있다. 그런데 이 꽃이 낮에는 향기가 그저 담담할 뿐이고 밤이 되어야만 비로소 진하게 코를 찌른다.

코가 낮에는 둔하다가 밤이 되어서야 예민해지는 것이 아니다. 한낮은 시끄러워서 모든 경계가 분잡하니, 코의 감각이 귀나 눈으로 분산되어 온전하지 못하기 때문이다.

마음을 쓰는 일도 분산되지 않아야만 정신에 응집되는 것이다.

이런 사실을 꼭 마음에 새겨 두어야 한다.

과보果報

경전에 "만법萬法이 오직 마음뿐이다"라고 적혀 있는 것을 보고, 어떤 어리석은 사람이 "무심하기만 하면 인因도 과果도 없다. 그러므로 업業이 있음은 두려워할 것이 없고 마음이 있음만을 염려하면 되니, 업이 있더라도 무심하기만 하면 염라 대왕이 나를 어찌하랴" 하면서, 마음 내키는 대로 업을 지으면서도 꺼려하거나 걱정하지 않았다.

그러나 그는 '무심無心'에는 두 가지가 있는 줄을 알지 못하였다. 올바르게 사유하여 용심用心이 지극하면 자연히 무심 삼매에 들어갈 것이니, 이것이 참다운 무심이다. 그러나 마음을 내어 업을 짓거나, 마음을 내어 마음을 억제하되 억지로 눌러 없앤다면, 마치 무심을 얻은 듯하지만 마음은 여전히 남아 있다.

마음이 있으면 업도 있다. 염라 대왕의 철봉이 어찌 너를 가만 놓아 두겠는가.

산색山色

　가까운 산은 푸르스름한 것이 마치 남색인 것 같고, 멀리 보이는 산은 거무스레한 비취빛인 것이 마치 남색에다 청대[1]를 물들인 듯하니, 그렇다면 과연 산의 빛깔이 이렇게 변하는 것일까.

　산색은 다름이 없다. 다만 시력에 차이가 있어서 가까운 곳으로부터 차츰 멀어질수록 푸른빛이 비취빛이 되고, 먼 곳으로부터 차츰 가까워질수록 비취빛이 푸른빛이 되었을 뿐이다.

　그렇다면 푸른빛은 그럴 만한 인연이 모여 푸르고, 비취빛은 그럴 만한 인연이 모여서 비취빛이 되니, 비취빛이 환幻일 뿐만 아니라 푸른빛도 또한 환이다.

　대개 모든 존재가 모두 이와 같다.

한창려 [1]

창려가 처음에는 불교를 비방하였으나 나중에 대전 [2] 선사를 만나 깨달음을 얻었다고 알려져 있다.

그러나 그의 문집을 보니, "근래에 내가 석씨釋氏 [3] 를 믿는다는 말이 떠돌고 있으나, 이 소문은 거짓이다. 조주潮州에는 더불어 이야기할 만한 상대가 없었는데, 대전이라는 중이 자못 총명하여 도리를 알고 있었으므로 그와 함께 교유했을 따름이다. 또한 귀양에서 풀려 돌아올 적에 의복을 남겨 주고 이별하였으나, 이것은 사람의 정리로 그리 한 것이지, 그의 도를 숭상하여 복전福田과 이익을 구한 것은 아니었다"라고 적혀 있다.

이것을 보면 창려는 분명히 전과 다름없이 불교를 불신하고 있었음을 알 수 있으니, 어찌 깨달음을 얻었겠는가. 그러나, 짐작할 수 없는 일이지만, 어쩌면 영향影響 [4] 을 보여서 역설적으로 찬양한 것이라고 볼 수도 있겠다. 그렇게 본다면 창려가 짐짓 의도적으로 불법을 끌어내어 알리려 한 것이 아니라고 단정할 수만도 없는 것이다. 그러나, 한편으로 생각하면, 만일에 창려가 불교를 비방하지 않았다면 명교 [5] 선사가 무슨 까닭으로 그를 비방했겠는가.

종은 때려야 소리가 커지며, 촛불은 심지를 잘라 주어야 불빛이 더욱 밝아지는 법이다. 그러므로 전생을 꿰뚫어 아는 숙명통宿命通을 얻지 못했거나 다른 사람의 마음을 꿰뚫어 아는 타심통他心通을 갖추지 못했을 바에야, 생각나는 대로 지껄여 함부로 인물을 평가할 일이 아니다.

風動幡動
老盤齋宗林

식육食肉 1

「능가경」을 공부하는 어떤 스님이 우연히 승속이 함께 어울리는 자리에 참석하게 되었다.

한 거사는 유자儒者이면서도 고기는 먹지 않고 채소만 먹으면서 유유히 담소하고 있었으나, 이 스님은 담소할 줄도 모를 뿐만 아니라 덩달아 어울려 권하는 대로 얼떨결에 젓가락으로 고기를 집어먹었다고 한다.

아, 이 스님이 뒷날에 「능가경」을 읽다가 부처님이 "어떤 경우에도 고기를 먹어서는 안 된다"고 하신 대목에 이르러 어떤 표정을 지을지 알 수 없구나!

식육 2

세상 사람들은 친구나 친척들 가운데 고기를 끊고 채소만 먹는 사람을 보면 놀라며 기이하게 여기거나, 비웃으며 어리석다고 말한다.

사람과 축생은 다같이 고깃덩어리일 뿐이다. 고기로 된 사람이 고기로 된 짐승을 먹지 않는 것은 천리로 보나 인정으로 보나 아주 당연한 이치인데, 무엇이 기이하고 도리어 어리석다 하는가.

아, 중생의 어리석음이 너무 크구나!

독사의 비유

부처님이 길을 가시다가 땅에 떨어진 돈주머니를 발견하자 "독사다, 독사야!" 하시고는 바삐 지나치셨다.

어떤 농부가 이것을 호미로 두들겨 보니 금이 몇 만금 든 돈주머니였다. 뜻밖의 횡재를 한 농부가 이것을 주워 가지고 돌아와서 기뻐하고 있었는데, 얼마 지나자 이 소문이 왕에게까지 알려졌다. 돈을 운반하는 책임을 맡은 관리는 크게 혼나고, 농부는 주운 것 중에서 많은 돈을 감추고 조금만 도로 내놓았다 하여 심한 문초를 당한 끝에 마침내 그의 온 재산을 모두 바치고서야 풀려났다.

농부가 나중에 부처님을 뵙고서 "구담瞿曇[1]께서 저를 속였습니다! 구담이 저를 망쳤습니다!" 하면서 울며 원망을 하니, 부처님이 "너에게 독사라고 하지 않았더냐. 이것이 독사가 아니고 무엇이란 말이냐!" 하셨다.

슬프다. 요즘은 독사한테 물리는 사람도 많거니와, 한번 물리고도 깨닫지 못하고 다시 물리는 사람이 허다하니, 어찌 이 농부 한 사람뿐이겠는가!

세계

어렸을 때에 친구들과 어울려 이런 질문들을 하며 놀았던 기억이 있다.

"하늘과 땅이 다한 곳은 어떤 모양으로 되어 있을까. 텅 비어 허공과 같을까. 그렇다면 그 허공은 어디에 붙어 있을까. 단단한 것이 장벽과 같을까. 그렇다면 이 단단한 것은 또 어디에 붙어 있을까."

아무도 이런 물음에 대해 대답하지 못하고 그냥 웃으며 헤어졌다. 그러나 그 뒤로도 나는 이러한 의문이 늘 가슴 속에 남아 있었다.

「산해경」에 "동서의 거리는 2만 리요, 남북의 거리는 1억 5만 리다"라고 적혀 있지만, 이것도 전체가 아닌 부분만 말한 것이니 실로 대통에 난 구멍으로 사물을 보듯 좁은 소견이라 하겠다.

뒷날에 내전內典[1]에서 "허공은 끝이 없고 세계도 끝이 없다"라고 한 것을 보고 비로소 깨달았던 것이니, 부처님이 아니고서는 아무도 능히 말할 수 없는 것이었다.

아, 이것은 쉽게 말할 것이 아니구나!

시작과 끝

지금으로부터 지난 날을 거슬러 짚어 가면 '옛날'이란 언제부터 시작된 것일까. 또한 지금으로부터 미래를 규명해 가면 '미래'란 언제 가서 끝나는 것일까.

「태극도太極圖」에서는 "태극에서 양의兩儀, 곧 음陰과 양陽으로 벌어지고 다시 오행으로 벌어져서 만물이 생겼다"했으니 태극이 시초인 셈이요, 「경세서經世書」에서는 일원—元의 수를 산정하여 12만 9천6백 년이라 했으니 원元의 시초가 시작인 셈이다.

그러나 태극은 또 언제부터 시작되었으며, 원元의 시초는 또 언제부터 시작되었을까. 설령 여기에서 말한 햇수와 같이 차례가 있다고 해도 이러한 햇수 이전에도 지나간 해가 있었을 것이니, 과연 어떤 것이 최초의 시초이며 또한 어느 때에 마침내 끝마치는 것일까. 생각하면 아득하여 마치 술에 취한 듯하다.

그러나 뒤에 부처님이 "시작이 없다"하시고, 또 "겁수劫數는 끝이 없다"고 하신 것을 보고 크게 깨달았으니, 부처님이 아니고서는 능히 말할 수 없는 것이었다.

아, 이것도 쉽게 말할 것이 아니구나!

지혜의 중요함

한신韓信은 초나라 사람이었으나 초를 버리고 한나라로 가니, 초나라는 마침내 한신으로 말미암아 망하게 되고 한나라는 그로 말미암아 흥하게 되었다. 한신으로 말미암아 한 나라는 흥하고 다른 한 나라는 망하게 된 것은, 다만 잘 부리고 잘 부리지 못한 차이에서 비롯되었을 뿐이다.

눈, 귀, 코, 혀, 피부, 의식의 육근六根도 마찬가지이다. 잘 쓰지 못하면 도적이 여섯이요, 잘 쓰면 갖가지 신통 묘용이다. 번뇌가 바로 보리菩提임을 믿지 않을 수가 있겠는가.

한 고조 유방은 한신을 처음에는 일개 평범한 장정쯤으로 대우했으나 재상 소하가 한신이 비범한 인물임을 알아보았으며, 나중에 가왕假王을 청하자 허락하지 않아 일을 거의 그르칠 뻔했으나 장량이 이를 잘 마무리하여 한신이 큰 공을 세울 수 있게 하였다.

이것을 보면 임금의 부족하고 잘못된 점을 보충하고 바로잡아서 묵묵히 돌이키고 새롭게 하는 것이 곧 지혜로운 신하의 힘임을 알 수 있다.

도를 배우는 데는 지혜보다 더 중요한 것이 없음도 이와 같다 하겠다.

제나라 사람

맹자가 '제나라 사람'[1]이라는 비유를 말한 적이 있는데, 마치 한 폭의 그림이나 무대 위의 연극을 보듯 분명하였다. 사람의 추태를 어찌나 적나라하게 잘 그려 냈는지, 그 글을 읽고도 두려워하고 삼가서 깨닫지 못한다면 목석과 다름이 없다.

명리名利는 세상 사람들의 상정常情이라 꼭 누구를 책망할 수 없다 하더라도, 먹물 옷을 입고서 제나라 사람과 같이 군다면 이를 어떻게 이해해야 할지 모르겠다.

아, 슬프다!

쌀 경단으로 아이를 속이다

내가 출가하기 전의 일이다. 한 아이가 밤늦게 만두를 달라고 보채었으나 가게 문이 이미 닫힌 때라 일하는 사람이 하는 수 없이 쌀가루로 동그랗게 경단을 빚어 주었다. 그러나 아이는 여전히 울면서 거들떠보지도 않아 그의 어머니가 여간 난처해하는 것이 아니었다.

내가 곁에서 그 광경을 보고 "그건 아주 간단한 일이지요" 하며, 쌀 경단을 납작하게 만들어 주었더니 아이는 얼른 받아들며 매우 기뻐하였다. 아이의 이런 모습을 보고 모두들 "아이를 속이는 것은 이렇게 간단하구나" 하며 웃었다.

이제 와서 생각해 보니, 요즘 사람들이 정토淨土를 가벼이 여기고 선종禪宗만을 중히 여기는 것도 이와 같다. 동그란 쌀 경단과 같은 정토를 말하면 울며 돌아보지 않다가, 납작한 쌀 경단과 같은 선종으로 바꾸어 주면 손에 들고 기뻐한다. 이것이 어린애 소견과 무엇이 다르겠는가.

슬프다.

근심과 즐거움

가난한 사람은 재산이 없는 것을 근심하면서 부유한 사람이 누릴 즐거움을 부러워할 뿐, 부유한 사람은 부유한 대로 근심이 있음을 알지 못한다. 미천한 사람은 벼슬이 없는 것을 근심하면서 귀인이 누릴 즐거움을 부러워할 뿐, 귀인도 귀인대로 근심이 있음을 알지 못한다. 가난한 사람과 부유한 사람, 천한 사람과 귀한 사람 할 것 없이 사람들은 모두 저마다 제게 부족한 것을 근심한다.

임금 노릇 하는 것을 부러워하는 사람은 임금이 세상의 온갖 즐거움을 다 누리고 살리라고 생각한다. 그는 임금은 임금대로 근심이 있음은 알지 못하는 것이다. 그뿐만 아니라 임금의 근심은 더 막심하다는 것을 알지 못하며, 더 나아가 임금은 오히려 신하나 백성이 누리는 즐거움을 부러워하고 있음을 알지 못하는 것이다.

아! 모두 허망한 일이다. 오직 지혜로운 사람만이 근심도 즐거움도 없다. 그러나 근심과 즐거움에서 벗어나는 것에 집착하는 것 또한 허망한 일이다.

크게 깨달아 크게 사무치지 않으면 진정한 자유는 없다.

안탕산

　운태산雲台山과 안탕산雁蕩山은 양절兩浙[1]의 명산으로 손꼽히는 곳이다. 그 중에서 안탕산이 더욱 아름다워 천 리를 멀다 않고 양식을 싸 가지고 가서 유람하는 사람들이 허다하였다.

　내가 전에 태평太平 스님의 간청에 응하여 그 쪽에서 안거한 적이 있었는데, 안탕과는 겨우 십여 리쯤밖에 떨어지지 않은 곳이었다. 해제가 되어 원주가 내게 안탕을 유람할 것을 권유하였다. 나는 좋은 기회라고 생각하고 떠날 차비를 하는데, 우르르 같이 따라 나서는 사람들이 백여 명은 될 성싶었다.

　생각해 보니, 저 산에 사는 스님네는 오랫동안 사람들을 대접해 본 적이 없었을 것이고, 안탕산을 두루 구경하자면 왕복 반 달은 더 걸릴 터인데, 이 많은 대중이 다니며 먹자면 몇 섬이나 되는 양식이 필요할 터였다. 절이 가난하여 도저히 감당할 수 없을 것 같았다. 그래서 마침내 내가 고집하여 이 일을 작파하고 말았다. 이 결정을 들은 대중은 불평이 대단하였다. 내가 이들을 위로하며 이런 말을 하였다.

　"안탕산이 아름답다고는 하지만 우리 나라에는 이보다 더 아름다운 곳이 숱하게 많고, 우리 나라에서 가장 아름다운 곳이라 해도 천궁에는 미치지 못하며, 천궁에서 가장 아름다운 곳이라 하더라도 서방 극락 세계에는 미치지 못한다. 너희는 이러한 극락 세계를 사모하지 않고 한갓 안탕산에 오르지 못한 것만을 안타까워하니, 대체 이 무슨 짓인가!"

　그리하여 끝내 가지 않았다.

주학유朱學諭

　　가화嘉禾의 주무정朱懋正이 그의 증조부인 학유學諭 공에 대해 내게 이런 일화를 들려 주었다.

　　학유 공은 벼슬을 내놓고 시골로 돌아간 뒤에 그가 받은 봉금俸金으로 교외에 조그만 집을 지었다. 그는 그 곳에서 독서하며 지낼 뿐 문을 닫아 걸고는 찾아오는 손들을 물리쳤다. 그래서 자식이나 친척들은 물론, 심지어 고을의 수령마저 그의 얼굴을 대하기가 몹시 힘들었다. 다만 한 늙은 벗이 날마다 오후 서너 시쯤에 찾아와서 함께 바둑을 몇 판 두거나, 술을 몇 잔 마시며 글을 지어서 소리 내어 읊다가, 날이 저물어 벗이 돌아가면 곧장 잠자리에 들곤 할 따름이었다.

　　이처럼 깊은 산 속에 살듯이 세상과 격절하여 지내다가 어언 나이 여든 아홉 살이 되었다.

　　하루는 달 밝은 밤에 다리 위를 거닐다 실족한 것이 탈이 되어 몸져누웠다. 두 아들이 집으로 모시고 왔는데, 임종에 이르자, 붓을 들어 오직 도의로써 간곡히 타이를 뿐 세세한 집안 일은 전혀 언급하지 않았다. 붓을 놓고는 그대로 눈을 감고 죽었다가, 잠시 뒤에 다시 눈을 뜨더니 "가정嘉定한테 부탁할 말이 아직 남았다" 하였다. 가정은 공의 손자로서, 처음으로 진사에 올라 가정 땅을 다스리고 있었다. 공은 다시 붓을 들어 "관리로서 시종 청렴하고 절개를 지켜 늙도록 변치 말라" 하고 당부하고는, 이윽고 붓을 던지고 영원히 떠나고 말았다.

　　아! 공은 불법에 대해 한번도 들어본 적이 없었으나, 죽음에 이르러 이렇게 뜻이 크고 맑고 고요함이 오랫동안 수행한 사람도 미치지 못할 인품을 갖추었으니, 그 까닭은 무엇일까. 아마 마음이 얽매임이 없어서 저도 모르게 이미 절반은 불법에 젖어 있었기 때문이리라.

산문에 들어 수행한다는 이들이 종일 중얼중얼 경전을 읽고 법을 설하고는 있지만, 마음이 깨끗하지 못한 탓에 죽음에 이르러 당황하고 두려워하는 모습이 세속의 선비만도 못하구나! 새삼스러운 일도 아니다.

만일에 공에게 불법을 들려주어 그토록 깊고 고상한 기상으로 반야에 온 힘을 기울이게 했다면 어찌 대사大事를 밝히지 못했으랴. 이를 생각하니 더욱 안타깝다.

골동 1

골동을 아끼는 사람 여럿이 모여 앉아 저마다 제가 가진 물건을 꺼내 놓고 자랑하고 있었다. 어떤 이가 원나라, 송나라와 오계五季[1]의 물건을 꺼내 놓고 자랑하니 대중들이 서로 쳐다보며 웃었다. 그까짓 것 하는 눈치였다. 이윽고 당唐, 진晋, 한漢, 진秦의 것들과 삼대三代[2]의 물건까지 모두 꺼내 놓고 보니 없는 것이 없었다. 오직 고신씨[3]의 당구솥, 수인씨[4]가 사용하던 불 일으키는 송곳, 신농씨[5]의 거문고, 태호씨[6]의 비파, 여와씨[7]가 갈던 오색 돌 따위를 구하지 못해 안타까워하고 있었다.

함께 있던 한 사람이 말했다.

"그대들이 가지고 있는 것이 참으로 오래 전의 것이기는 하지만 태고의 것은 아니며, 태고보다 더 먼 태고의 것은 더욱 아니네."

대중이 말하였다.

"그럼 해와 달을 두고 하는 말이군!"

"그것도 옛날 것은 아니네. 천지가 있고 난 다음에 일월이 있었으니까."

"그렇다면 천지를 두고 하는 말인가?"

"그것도 옛날 것은 아니네. 허공이 있고 난 다음에 천지가 있었으니까."

"그렇다면 허공인가?"

"그것도 아니네. 내가 갖고 있는 것은 일월이 생기기 이전, 천지가 나누어지기 이전, 공겁空劫 이전의 물건이네. 그대들이 천금을 아까워하지 않고 한낱 화로, 도자기, 그림, 글씨 따위나 사 모으고 있으면서, 그 가운데서도 가장 오래 된 것은 보물로 여길 줄 모르니 실로 유감이네."

대중이 서로 쳐다보며 말이 없었다.

골동 2

대중 가운데 한 사람이 또 말하였다.

"자네가 가진 옛날 물건이란 누구나 갖고 있는 것이지 자네 혼자만의 것은 아니지 않은가. 그렇다면 무엇이 귀하다 하겠는가."

"누구나 갖고 있으면서도 아무도 알지 못하니, 알지 못한다는 것은 없는 것과 마찬가지 아닌가. 그러니 나 혼자 가졌다 함이 지나친 말은 아니네."

"우리가 갖고 있는 옛 물건은 눈으로 뚜렷이 볼 수 있지만, 자네 것은 그럼 어디에 있는가."

그 사람이 양 손을 펴 보이니, 대중이 서로 쳐다보기만 할 뿐 말이 없었다.

뜻을 세우는 일의 어려움

옛날에 유흠劉歆[1]이 고문古文과 「춘추좌씨전」, 「모시毛詩」[2], 「서경」 등을 처음으로 경적經籍으로 확정하였는데, 이 때에 유생들이 이를 시기하여 의론이 벌떼처럼 일어났다.

주자가 염계[3]의 태극도를 해석하는 글을 지었을 때도 마찬가지였으니, 책이 나오자 마치 새가 모이를 쪼듯이 많은 사람들의 시비가 끊이지 않았다. 또한 남악[4]이 반야의 뜻을 개창하고, 달마가 직지선直指禪을 열었을 때도 이론적인 학문을 하는 무리들이 그 말을 옳게 여기지 않고 심지어 독살하려고까지 하였으니, 하물며 요즘 사람들이랴.

예禮를 논의하는 집을 '서로 시비하여 결말이 나지 않는다'는 뜻으로 취송당聚訟堂이라고 이름 붙인 것도 그럴 만한 까닭이 있다 하겠다.

크구나, 뜻을 세우는 일의 어려움이여! 신중하지 않을 수 없겠구나!

사람 몸 받기 어렵다

"한번 사람 몸을 잃으면 만 겁이 지나도 회복하지 못한다."

이 말을 누군들 알지 못하랴. 그러나 알면서도 소홀히 생각하여 마음 속에 새겨 두지 않으니, 이는 알지 못하는 것과 같다 하겠다.

예전에 수달 장자가 부처님을 위해서 정사를 지을 때의 일이다. 헤쳐진 흙더미 속을 기어 다니는 개미 떼를 보고 부처님이 말씀하셨다.

"이 개미들은 비바시불毗婆尸佛 때부터 지금 칠불七佛이 되도록 아직까지 개미의 몸을 벗어나지 못하고 있다. 부처님 한 분이 세상에 나오는 것은 여러 백천억 겁이 지나서야 가능한데, 하물며 일곱 부처님이 나시기까지랴. 석가불 이후에 오백만여 세를 지나 미륵불이 세상에 나서 제팔불이 되실 것인데, 그 때 가서도 이 개미가 예전의 몸을 벗게 될지 알 수 없구나. 비록 개미의 몸을 벗는다 하더라도 사람의 몸은 또 어느 때에나 얻게 될까."

눈을 들어 세상을 보면, 어깨를 부딪치지 않고는 길을 갈 수 없을 만큼 사람이 많다. 그러나 사람으로 태어나기가 그렇게 어려운 일인 줄 알지 못하며, 이미 사람 몸을 얻고 나서도 세월을 허송하고 있으니, 참으로 통탄스러운 일이다.

게으름을 피우며 헛되이 세월을 보내는 나 자신을 질책하면서, 또한 도반들에게도 아뢰노라.

공부는 전일하게 해라

미원장米元章[1]은 "글씨를 배움에 있어 오직 이 일에만 전념하고 다른 일에는 생각을 두지 않아야만 성공할 수 있다" 하였다. 또 옛날의 어느 거문고 명인도 "두세 곡 정도를 전공해야만 비로소 오묘한 경지에 들어갈 수 있다"고 하였다.

이런 말이 비록 평범하고 하잘것없는 것 같지만, 더 큰 것에도 비유할 수 있다. 부처님께서는 "마음을 한 곳에만 두면 이루지 못할 일이 없다" 하셨다. 마음이 두 갈래로 나누어지면 일이 하나로 돌아오지 않으며, 생각이 한결같고 뜻이 돈독하면 속히 삼매를 이룰 수 있다.

참선하는 이든 염불하는 이든 이 말을 깊이 명심해야 한다.

살생한 죄

제갈 공명이 등갑군藤甲軍[1]과의 싸움에서 남만南蠻의 한 고을 사람들을 모두 불질러 태워 죽인 뒤에 "내가 비록 나라에는 큰 공을 세웠으나 이 때문에 내 수명은 줄어들게 될 것이다" 하였으니, 사람을 죽이는 것이 죄가 되는 줄은 누구나 알고 있으나, 소나 양, 개, 돼지 따위는 날마다 죽여 고기를 먹으면서도 아무렇지도 않게 생각한다. 사람보다 미천한 것들이라 하여 그럴지 모르나 어찌 죄가 되지 않겠는가.

또 「예기」에 "임금은 까닭 없이 소를 죽여서는 안 되며, 대부는 까닭 없이 양을 죽여서는 안 되며, 선비는 까닭 없이 개나 돼지를 죽여서는 안 된다" 하였으니, 가축 가운데서 큰 것을 죽이는 것은 죄가 되는 줄은 알고 있으나, 새우, 바지락, 고둥, 조개 따위는 한 번 젓가락질을 할 때마다 백 천을 헤아리기 일쑤이건만 전혀 아무렇지도 않게 생각한다. 미천한 것이라 하여 그럴지 모르나, 어찌 죄가 없겠는가.

아, 부처님이 "생명이 있는 것은 모두 불성이 있다" 하셨으니, 개미나 사람이 모두 똑같은 존재이다. 어찌 나은 것이 있고, 못난 것이 있겠는가. 귀한 것은 천한 것을 속일 수 있고, 강한 것은 약한 것을 능멸하는 것이 당연한 이치라면, 사람도 죽여 서로 먹을 수 있으리니, 어찌 나은 것이 있고 못난 것이 있다고 말할 수 있겠는가.

「범망경梵網經」에서 말씀하시기를 "모든 생명 있는 것을 고의로 죽여서는 안 된다" 하셨다. 그 뜻이 참으로 깊음을 알 수 있겠다.

명예

사람들이 재물을 탐하다가 입을 피해는 알고 있지만, 명예를 탐하다가 입을 피해가 더욱 큰 줄은 알지 못한다. 재물의 피해는 거칠어서 쉽게 볼 수 있으나 명예의 피해는 세밀하여 쉽게 알기 어렵기 때문이다. 그래서 조금이라도 자신을 돌아볼 줄 아는 사람이라면 재물은 가볍게 여길 줄 알지만, 크게 현명하고 지혜롭지 않으면 명예에 대해서는 허물을 면하기가 어렵다.

명예를 얻으려고 일부러 이상야릇한 행동을 하고, 명예를 보전하기 위하여 간사하게 과오를 숨기려는 계략을 꾸미면서 종신토록 명예에 골몰하고 있으니, 어느 여가에 마음을 다스릴 틈이 있겠는가.

예전에 한 큰스님이 "세상에 명예를 좋아하지 않는 사람이 없다!" 하고 탄식하였다. 그러자 좌중의 한 사람이 일어나 "참으로 스님의 말씀이 옳습니다. 명예를 좋아하지 않는 사람은 스님 한 분뿐입니다" 하니, 큰스님이 매우 기뻐하며 만족해하였다.

그러나 그 큰스님은 이미 속임을 당한 줄을 알지 못하였다. 이와 같이 명예의 관문은 깨뜨리기 어렵다.

도를 배우는 데는 요행이나 굴욕이 없다

세상에서 명예를 구하는 사람이 학문은 성취하지 못했으면서 명성만 얻은 것을 '요행'이라 하니 얻지 않아야 할 사람이 얻은 경우요, 학문을 성취하였으나 명성을 얻지 못한 것을 '굴욕'이라 하니 당연히 얻어야 할 사람이 얻지 못한 경우이다.

"우리는 과거에 올랐으나 유분劉賁[1]은 낙방하였다"는 옛말도 그러한 요행과 굴욕을 함께 가리킨 말이다.

그러나 도를 배우는 데는 그런 이치가 마땅치 않다. 산림에 명성이 자자하고, 조정이나 저자거리에 분주히 드나들며, 하루는 따뜻하고 열흘은 추운 듯이 게으름을 피우면서 도업을 이룬 사람은 없었고, 또한 뜻을 돈독히 하여 힘써 행하고, 몸과 마음을 다하여 쉬거나 물러나지 않으며, 깨달음을 최후의 목표로 삼으면서 도업을 이루지 못한 사람도 없다.

명예를 구하는 것은 내 일이 아니고, 오직 도를 구하는 일을 내 일로 삼을 뿐이니, 도를 배우는 사람은 오직 굳은 마음으로 정진해야지, 요행을 바랄 것도 아니요, 뜻을 얻지 못할 것을 걱정할 일도 아니다.

간망看忙

세속에서 재물이 넉넉한 사람이, 섣달 그믐날 밤에, 편안히 앉아서 가난한 사람이 의식衣食이 곤궁한 것을 살펴보곤 하는 것을 '간망看忙'이라고 한다. 또한 이미 높은 지위를 얻은 벼슬아치가, 백성의 수와 재물을 조사하는 대비일大比日에, 편안히 앉아서 선비들이 관계 진출에 고심하는 것을 바라보는 것도 '간망'이라고 부른다. 여유 있는 사람이 다른 사람의 고단함을 느긋하게 바라본다는 뜻이겠다.

그러나 이미 번뇌를 깨뜨려 없애고 지혜를 이룬 사람이 편안히 앉아 육도 중생이 윤회 생사에 골몰하는 것을 바라보는 것을 '간망'이라고는 하지 않는다.

아, 온 세상이 초조하고 창망한 가운데 있으니 누구를 진정한 간망자라 할 것인가. 옛 사람은 "노승에게 편안하고 한가한 법이 있는데, 이 법은 어려운 것이 아니다" 하고 말씀하셨다.

그러나 세상 사람들은 한가하게 간망하는 일을 자랑스럽게 생각하면서 속으로는 전혀 남을 걱정하는 마음이 없지만, 보살의 간망은 대자비심을 일으켜 일체 중생을 널리 깨우쳐 그들과 함께 해탈하기를 바라는 것이니, 이 두 가지 마음을 어떻게 같다고 할 수 있겠는가.

이것이 범부와 성인의 차이라 하겠다.

방생 못

내가 물고기를 방생할 못을 만들었더니, 어떤 이가 의아해하며 물었다.

"고기를 못에 가두는 것은 비좁고 답답하여 활발하게 뛰놀게 할 방안이 못 됩니다. 차라리 호수에 방생하거나 관하官河[1]에 풀어 주어 관리로 하여금 고기잡이를 금하게 하는 것이 나을 듯합니다. 방생 못을 만드시는 일은 생명을 놓아 주어 살리는 방생이 아니라, 생명을 함부로 내치는 방생입니다."

내가 이렇게 대답하였다.

"그 말도 옳기는 하다. 그러나 못과 호수와 관하의 이롭고 해로운 점을 들어 비교해 보자. 못은 비록 비좁으나 그물을 치지는 않고, 호수는 넓다고는 하지만 밤낮으로 어부의 그물질이 끊이지 않는다. 누추한 집은 가난하지만 그런 대로 즐거움이 있고, 석숭石崇[2]은 부유했으나 늘 근심이 끊이지 않았다. 그러므로 이로움과 해로움이 서로 반반이라 하겠다.

또 관하를 지키는 것은 한계가 있고 고기 떼의 출입은 때가 없어서, 밖에서 경계 안으로 들어오는 놈도 있고 경계 밖으로 나가는 놈도 있을 것이니, 경계 밖으로 나가면 어부들이 가만두겠는가. 차라리 못 속에 가두어 두고 경계 속에서 나오지 못하게 하는 것이 더 나을 것이다. 그러므로 이로움과 해로움이 서로 반반이라 하는 것이다.

또 활발하게 뛰놀게 하는 방안이 못 될 것이라고 걱정하는데, 이에 한 비유를 들어 보리라. 좌선하는 스님은 조그만 방안에 머물면서 틈틈이 경행經行[3]하여 백천 리라도 아무 불편 없이 배회한다. 활발하게 뛰놀지 못할 것이 무엇 있겠는가.

또 한 비유를 들어 말하리라. 요즘같이 평화로운 때에야 성안의 백성들이 성문을 여닫는 것을 귀찮게 생각할지 모르지만, 어느 날 갑자기 도적이 쳐들어오면 성이 있는 것이 안전하겠는가, 없는 것이 안전하겠는가. 어부는 도적에, 못은 성에 비유했거니와, 사람은 성으로 방위를 삼으니 성안에 있다 하여 어찌 갇혀 있다고 할 수 있겠는가. 고기의 경우에도 이와 마찬가지이다."

도를 깨닫기는 어렵고 선행을 하기는 쉽다

요즘과 같은 말세에 여러 생에 걸쳐 선근을 쌓아 무명 번뇌를 끊고 자신의 본심을 깨닫는 것은, 천만 사람 가운데 겨우 한두 사람 이루기도 어려운 일인지라 이상하게 생각할 일도 아니다. 그러나, 악한 일을 하지 않고 선행을 행하는 것은 하려고만 들면 그보다는 쉬운 일일 터인데 그것마저 팽개치고 불선한 짓을 자행하고 있으니, 그것이 무슨 마음인지 알지 못하겠다.

또한 몸과 입과 마음으로 짓는 세 가지 업業 가운데서, 마음을 거두어 움직이지 않게 하여, 어느 때고 들고남이 없고 일어나고 사라짐이 없는 정력定力은 참으로 이루기 어려운지라, 이것도 이상하게 생각할 일이 아니다. 그러나, 몸을 다스려 악한 일을 저지르지 않고 입을 조심하여 나쁜 말을 하지 않는 것은, 하려고만 들면 그보다는 쉬운 일이건만 그마저 팽개치고 몸과 입으로 악한 짓을 자행하고 있으니, 그것이 무슨 마음인지 나는 알지 못하겠다.

자식이 없는 것은 근심할 일이 아니다

세상 사람들은 누구나 자식이 없는 것을 근심하는데, 그 가운데 부귀한 사람이 더욱 심하다.

어떤 사람이 내게 말했다.

"후손을 남기지 못하는 것보다 더한 불효는 없다 하였습니다. 어찌 근심이 되지 않겠습니까."

내가 말하였다.

"그대의 말도 옳다. 그러나 그 말뜻을 잘 알아야 한다. 그것은 아내를 두지 않아서 자식이 없는 경우를 말한 것이지, 아내를 두고서 자식이 없는 경우를 말한 것이 아니다. 아내를 두었는데도 자식이 없다면 그것은 죄가 못 된다.

우선 억조 창생을 다스리는 임금만 해도, 힘으로는 후궁을 두지 못할 것이 없으려니와, 또한 의사나 도사, 기인의 도움으로 온갖 약이나 침을 쓰고 나서도 끝내 황세자를 얻지 못하여 후손이 끊어지기도 하니, 이것은 운명이지 근심할 일이 아니다.

진정으로 근심해야 할 일은 따로 있다. 불의를 행하여 남의 재물을 빼앗고 또 자식을 빼앗아 후손이 끊어지게 하거나, 아비와 자식이 이별하게 하고 남의 아들딸을 능멸하여 자기의 종으로 삼는 따위로, 갖가지 슬프고 참혹한 일을 남에게 저지르는 것이 자식을 얻지 못하는 원인이 되는 것이니, 이야말로 진정 근심해야 할 일이다. 이러한 일을 저지르지 않았는데도 자식이 없는 것은 운명이지 내 허물이 아니다. 그러므로 근심할 일이 아닌 것이다."

관官 자를 멀리해라

돌아가신 우리 아버지께서는 벼슬은 하지 않았으나 학문이 깊고 행실이 돈독하여 격언을 많이 남기셨다.

일찍이 나에게 "벼슬 관官 자가 들어 있는 것을 삼가서 가까이하지 말아야 한다"고 일러 주셨다. 내가 "관 자가 들어 있는 것이란 무엇을 말씀하시는 것입니까" 하고 여쭈었더니, 아버지께서는 "관의 돈을 받아들이는 일이나, 관의 옷감을 짜는 일, 관의 소금을 중개하는 일, 관의 보증을 서는 일 따위와, 관부官府에 들어가서 벼슬아치가 되거나, 관인官人과 사귀어 공사公事를 부탁하는 따위가 모두 그런 일이다" 하셨다. 이에 내가 두 번 절하고 가슴에 새겨 잠시도 잊지 않았다.

그 뒤에 친지나 아는 이 가운데 이런 일에 연루되어 낭패를 당하는 사람을 열일고여덟 명이나 보았으므로, 이로 말미암아 관에 관계되는 일은 더욱 멀리하게 되었다.

출가한 뒤에도 벼슬아치에게 간청하는 일을 삼갔으며, 아울러 제자들에게도 경계하여, 관가에 출입하여 시주를 요구하거나 관리의 세력에 힘입어 다른 사람과 송사를 벌이지 말고, 가난하지만 편안한 마음으로 분수를 지켜 큰 죄를 면하게 하였다.

이것은 부처님의 계율에 따른 것이지만, 부모님의 가르침을 좇은 것이기도 하였다.

아, 지금도 살아 계신 듯하여 슬픔을 억누를 길이 없구나!

총명함의 허물

　세상 사람들은 총명함을 중히 여기고 박학함을 자랑하며 문장을 다툰다. 그러나 이런 것은 조금도 믿을 만한 것이 못 된다. 왜냐하면 언젠가는 잃어버릴 것이기 때문이다. 그들의 학문이 백가百家를 꿰고 문장이 일세一世를 덮었다 하더라도 내생에는 한 글자도 모를 것이 아닌가. 순淳 선사 같은 이는 글재주로 이름을 드날렸으나 한번 병으로 쓰러졌다 일어난 뒤에는 문득 멍청이가 되어 버렸으니, 이로 보면 내생을 기다릴 것도 없는 일이다. 심지어 죽어 축생이 된다면 물과 풀만 생각할 뿐, 다른 것은 전혀 알지 못하는 지경이 되고 말 것이니, 믿을 만한 것이 어디에 있겠는가.

　오직 반야般若의 참다운 지혜만이 마음 밭에 남아 있어서 예나 지금이나 변함이 없고 깨뜨려도 없어지지 않으며, 비록 중생계에 있더라도 인연을 만나면 금방 깨닫게 된다.

　세속인은 이러한 뜻을 알지 못하므로 괴이쩍게 여길 일이 아니라 하더라도, 출가 사문마저 본분사本分事를 묶어 높은 다락 속에 넣어 두고 외학外學에만 힘을 쏟고 있으니, 참으로 탄식할 일이다.

무상의 소식

속담에는 세상을 깨우치는 이야기가 많다.

어떤 노인이 죽어 염라 대왕을 대하고서 "저승에 데려올 테면 진작 알려 주었어야 하지 않소!" 하고 항의하였다.

그러자 왕이 "내가 자주 알려 왔노라. 너의 눈이 점점 침침해진 것이 처음 소식이었고, 귀가 점점 어두워진 것이 두 번째 소식이었으며, 이가 하나씩 빠진 것이 세 번째 소식이었노라. 그리고 너의 몸이 날로 쇠약해진 것으로써 셀 수도 없이 많은 소식을 전해 왔노라" 하였다.

이 이야기가 노인을 위한 것이라면, 젊은이를 위한 것도 있다.

한 소년이 또한 염라 대왕에게 항의하였다.

"저의 눈과 귀가 밝고 이도 튼튼하며 온몸이 건강합니다. 왕은 어찌하여 저에게는 소식을 미리 전하지 않았습니까."

왕이 이렇게 대답하였다.

"그대에게도 소식을 전해 왔으나 그대가 미처 깨닫지 못했을 뿐이로다. 동쪽 마을에 나이 사오십이 되어 죽은 사람이 있지 않던가. 서쪽 마을에는 나이 이삼십이 되어 죽은 사람도 있지 않던가. 그밖에 열 살 미만이나 두세 살 젖먹이로 죽은 이도 있지 않았던가. 어찌 소식을 전하지 않았다 하는가."

날쌘 말은 채찍 그림자만 보고도 내달린다. 송곳이 살갗에 꽂혀서야 알아채는 것은 둔한 말이다.

아, 애석한 일이다!

원 거사 어머니

원袁 거사 어머니 장張 씨는 어릴 때부터 관세음 보살에게 귀의하는 마음이 지극하였다. 자라서 시집갈 때는 보살 상을 모시고 갔으며, 거사를 밴 열 달 동안 하루도 예경을 게을리한 적이 없었다. 그래서 거사는 두세 살 먹은 어린아이 적부터 삼보三寶에 귀의할 줄 알았다. 이것이 이른바 태교이다.

아낙네로서 마음을 기울여 부처님을 섬기는 사람은 곧잘 있으나, 혼인을 앞둔 신부가 서둘러 화려하게 복식을 꾸미려 하지 않고 보살 상을 경대 속에 모시고 갔으니, 이는 범부로서는 흔치 않은 일로서 여태껏 듣지도 보지도 못한 일이다.

옛날에 소동파는 남쪽으로 귀양 갈 적에 보살 상을 그려 모시고 갔으며, 갈 대부[1]는 보살 상을 관공서에 모셔 두고 다른 사람이 꺼려하는 것을 관계치 아니하여 아는 사람들이 칭찬했다는 고사도 있지만, 원 거사의 어머니도 어찌 걸출한 대장부가 아니겠는가.

촌음을 아끼다

"우 임금은 성인이었으나 촌음寸陰도 아끼셨으니 우리 같은 범부들이야 마땅히 분음分陰도 아껴야 한다"는 옛말도 있거니와, 부처님께서는 "사람의 목숨은 호흡하는 사이에 있다" 하셨다. 분음 동안에도 몇 번의 호흡을 할 수 있으니, 그렇다면 어찌 분음을 아끼는 데 그칠 일이랴. 일 찰나, 한 순간의 시간도 아끼지 않으면 안 되리라.

예전에 이암 권[1] 선사는 날이 저물면 눈물을 흘리며 "오늘도 그냥 이렇게 헛되이 흘러가 버렸으니, 내일 공부도 어떨지 알 수 없구나!" 하고 탄식했으니, 애써 정진하는 모습이 그와 같았다.

나도 새벽에 해가 뜨면 이암 선사의 그 말을 상기하며 "오늘도 또 하루가 밝았구나. 어제를 헛되이 보냈으니 오늘 공부도 어떨지 알 수 없구나" 하고 뇌어 보곤 하였다. 그러나 그저 탄식하기만 했을 뿐 눈물을 흘려 본 적이 없었으니, 이로써 도를 배우려는 마음이 고인과는 큰 차이가 있음을 알 수 있었다.

참으로 부끄러운 노릇이다. 더욱 힘써야겠구나!

신선이 심은 나무

만년사萬年寺는 천태산에 있는 많은 절 가운데 하나이다. 법당 앞에는 해묵은 나무가 열 그루 남짓 서 있는데, 간격이 고르고 일자로 쭉 뻗었으며 가지와 잎이 무성하여 산문의 경관을 더욱 돋보이게 하였다. 그 곁에 있는 돌에는 이런 글이 새겨져 있다.

"이 나무들은 신선이 심은 것이다. 이를 베는 사람은 그 자리에서 죽을 것이다."

이 글을 본 어떤 사람이, "이 글을 새긴 자는 참으로 어리석다. 힘센 이가 돌을 짊어지고 달아나 버리면 그만 아닌가" 하고 비웃었다.

그것은 그렇지 않다. 옛 사람들이 이것을 몰랐을 리가 없지마는, 법으로 부득이 이와 같은 것을 세웠던 것이다. 후대 사람들이 이 글을 믿고 삿된 마음을 거두든, 믿지 않고 악업을 짓든 그것은 그들의 일이다. 법을 세운 자는 그저 그들에게 맡겨 둘 뿐인 것이다.

"화합 승단을 파괴하는 사람은 무간 지옥에 떨어질 것이다"라고 부처님은 말씀하셨으나, 부처님이 돌아가시기도 전에 벌써 조달[1]이 기원정사의 대중 몇 명을 꾀어 달아났으며, 부처님도 이를 제지하지 못하였다. 그렇다면 부처님도 어리석은 사람이라 하겠는가.

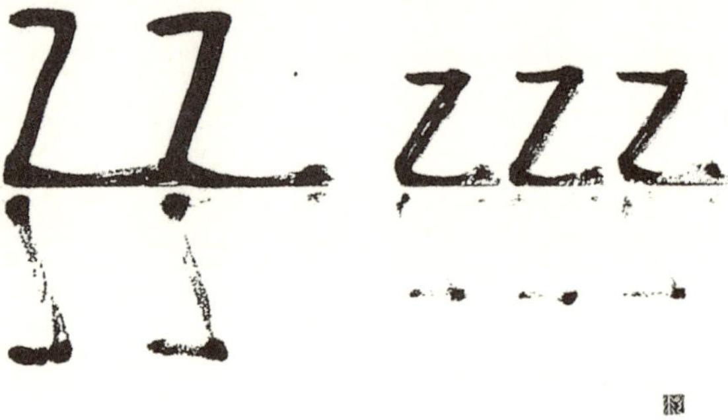
ZZ zzz

거위 도인

어느 촌로가 거위를 두고 '거위 도인' 이라고 불렀다.

내가 그 까닭을 물으니 이렇게 대답했다.

"오리는 밭에 들어가 거머리나 마디벌레, 뿌리잘라먹는벌레, 지렁이 따위를 남김없이 잡아먹지 않습니까. 그래서 오리가 떼지어 다니는 것을 보고 '대군이 지나간다' 고 하는 것입니다. 또 닭은 지네나 귀뚜라미 따위를 잡아먹고 삽니다. 그러나 거위는 풀이나 겨, 쭉정이 따위만 먹으면서 비린 것은 가까이하지 않습니다. 그래서 내가 '도인' 이라고 부르는 것입니다."

나는 이 말을 듣자니 눈물이 흐르며 부끄러워졌다.

닭이나 오리는 산 것을 잡아먹으니, 어찌 보면 사람들이 닭이나 오리를 잡아먹는 일이 서로 공평할 것 같기도 하다. 그렇지만 거위까지 삶아서 그 고기를 먹는 것은 어찌된 일인가. 거위는 그 성품으로 '도인' 이라는 이름을 얻었건만, 사람은 거위에게 사나운 범과 같은 짓을 하고 있구나! 아, 슬픈 일이다!

그러나 거위가 비린 것을 먹지 않는 것은 추우騶虞[1]가 살생을 하지 않는 것과 같아서, 스승이나 벗에게서 가르침을 받아서 그리 하는 것이 아니라, 천성이 그러할 따름이다. 천성이란 숙세에 익힌 습관이다. 그러므로 도를 배우는 사람은 습관을 들이는 일에 신중하지 않으면 안 되리라.

사람이 저지르는 가장 큰 죄악

어떤 사람이 "인간이 저지르는 나쁜 짓 가운데 어떤 것이 가장 큰 죄악입니까?" 하고 물으니, 곁에 있던 사람이 "빼앗거나 도적질하며, 부모님의 뜻을 거스르며, 남을 선동하여 나쁜 일을 하게 하는 것입니다" 하였다.

내가 말하였다. "그것도 악한 일이기는 하지만 더욱 나쁜 짓은 생명을 죽이는 것이다. 그보다 더 큰 죄악은 없다."

그가 다시 물었다. "짐승을 잡아먹는 것은 일상에서 흔히 있는 일입니다. 어찌 나쁜 일이라고 할 수 있으며, 게다가 가장 큰 죄악이라고 할 수 있습니까?"

빼앗거나 도둑질하는 것이 나쁜 일이기는 하지만 재물을 얻고자 그리하는 것이니, 만약에 재물을 가진 사람이 기쁜 마음으로 내준다면 굳이 그의 목숨을 해치지는 않는다. 그러나 살생은 배를 가르고 심장을 끄집어내며 간이나 뇌를 솥에 넣고 삶는다.

부모에게 불효하는 것은 버려 두고 봉양하지 않거나, 게을러서 공경하지 않을 뿐이니, 불효자라고 해서 모두가 아사세 왕[1]이나 양광[2]과 같은 짓을 하는 것은 아니다. 더욱이 아사세나 양광의 불효는 일세一世의 부모에 그칠 뿐이다. 그러나 부처님께서 "생명이 있는 것은 모두 숙세에 내 부모였다"고 말씀하셨다. 살생하는 사람은 젊어서부터 늙을 때까지 무수한 생명을 죽여 왔으니, 그렇다면 그 해가 다생多生의 부모에게까지 미치리라.

남을 꼬드겨서 나쁜 짓을 하게 하는 일이 잦아지면 자연히 관서官署의 눈길을 끌게 되므로 법망에서 벗어나기 어렵다. 그러나 살생하는 사람을 꾸짖어 주는 사람은 과연 있는가. 그러니 남을 선동하는 해는 한계가 있으나 살생하는 해는 끝이 없다. 천지간에 가장 큰 덕은 생명을 살려 주는 것이요, 가장 큰 죄악은 생명을 죽이는 것이라고 하는 것은 바로 그런 까닭에서이다.

시간을 헛되이 보내지 마라 1

세상 사람들이 집착하고 탐하기를 밤낮을 가리지 않는다.

낮은 짧고 밤은 기니
어찌 등불을 밝히고 놀지 않으랴.

이것은 놀이에 집착한 경우요,

백 년 삼만 육천 날
날마다 삼백 잔의 술을 마시자.

이것은 술 마시는 일에 탐착한 것이며,

밤에 모여 앉아 시가를 읊조리니
오밤중의 등불도 꺼지려 하네.

이것은 시부詩賦에 집착한 것이며,

긴긴 여름날을
오직 한 판 바둑으로 보내네.

이것은 바둑 놀음에 탐착한 것이다.

고인의 명훈明訓에 "오늘도 이미 다 지나갔으니 목숨도 따라서 그만큼 줄어들었다. 마땅히 부지런히 정진하여 마치 머리에 붙은 불을 끄듯 하라" 하신 말씀이 있다. 요즘 출가자가 술 마시는 일에 탐착하는 경우는 드물다 하겠으나, 다른 세 가지 일에는 아직도 손을 놓지 못한 듯하다.

시간을 그저 헛되이 흘려 보내려고 하니, 얼마나 애석한 일인가!

시간을 헛되이 보내지 마라 2

선덕이 대중에게 말하기를 "출가하여 제가 해야 할 일을 서둘러 분명히 해 두지 않으면 금방 삼사십 년이 지나가 버린다" 하셨다.

이처럼 간절하고 통렬한 말씀을 들으면 마땅히 마음이 떨리고 머리끝이 쭈뼛이 서는 아픔을 느껴야 할 것인데, 사람들은 여전히 젊음을 무익한 일을 하는 데만 바치고 있다.

어떤 이는 남북으로 부지런히 뛰어다니며 "나는 명산을 두루 참예하였다" 하며, 어떤 이는 불상을 조성하고 장식하는 일로써 "나는 삼보¹를 흥숭하게 한다" 하며, 또 어떤 이는 대중을 모으고 법회를 여는 것으로 "나는 부처님의 교화를 도와 널리 법을 편다" 하고 말한다.

이러한 일들은 언뜻 보면 모두 장한 일들이어서 앞에서 말한 놀고 술 마시는 일 따위에는 견줄 바가 못 되지만, 일생을 헛되이 보내기는 마찬가지다. 세월이 흐른 뒤에 어느 날 문득 앞날에 저지른 잘못을 크게 뉘우친들, 이미 늙고 병들었으니 그 때에 무슨 소용이 있겠는가.

"젊어서 노력하지 않으면 늙어서는 그저 한탄만 할 뿐이다" 했다. 아, 죽음에 이르러 편안하여 전혀 한탄하지 않을 사람이 과연 있겠는가.

생일날

세상 사람들은 생일날에 잔치를 벌이거나 음악을 연주하며, 그림을 그리거나 시회詩會를 열기도 하면서 그로써 즐거움을 삼지만, 당나라 태종은 그렇게 하지 않았으니, 참으로 비범한 사람이었다.

어떤 이가 물었다.

"생일날에는 즐거운 잔치를 여는 것보다는 경전을 독송하거나 부처님께 예참하면서 복된 일을 하는 것이 어떻겠습니까."

참으로 훌륭한 생각이다. 나를 낳아 주신 부모님의 은혜를 갚고 평생에 지은 나의 업장을 없애려면 마땅히 이러한 일로써 정성을 다해야 할 것이다.

그러나 이러한 일도 지엽적인 것이지 근본적인 일은 아니다.

"부모에게서 태어나기 전의 네 본디 모습은 무엇인가" 하고 선덕이 물으셨다. 생일날에 즐거운 잔치 벌이기를 마다하고, 태어나기 이전의 내 본디 모습을 올바른 생각으로 관찰하는 이가 과연 있는가. 이 문제를 확연히 통찰한다면, 금생의 부모님 은혜뿐만이 아니라 겁의 세월로 인연 맺은 부모님 은혜까지 갚을 수 있으며, 금생의 업장을 멸할 뿐만 아니라 수많은 생에 걸쳐 지은 죄의 업장도 멸하지 않는 것이 없을 것이다.

인간 세상의 즐거움을 버리고 열반의 즐거움을 누림이여!

효성스럽다, 이 사람이여!

위대하다, 이 사람이여!

복희씨와 그물

왕괴정王槐亭 선생이 이런 말을 한 적이 있다.

"그물과 덫을 사용하기 시작한 것은 복희 때부터였다. 그러나 그것은 짐승이 농사를 망치는 것을 막기 위한 것이었지, 잡아먹으려고 한 것은 아니었다. 그러므로 '사냥하다'의 뜻인 '전佃' 자나 물고기를 잡는다는 뜻의 '어漁' 자에 모두 밭 '전田' 자가 은연중에 들어 있다."

괴정의 이 말은 그 동안 아무도 생각하지 못한 이론으로, 세상에 도의를 세우는 데 큰 공을 세웠다 할 만하다.

그런데 어떤 이가 "염제炎帝 때 비로소 농사짓는 법을 알았다. 그래서 신농씨神農氏라고 부른다. 복희 때는 아직 농사짓는 법을 몰랐다. 그렇다면 그물이나 덫을 어디에 썼겠는가?" 하고 말했다.

내가 괴정의 뜻을 보충하여 이렇게 말하였다.

"상고에는 비록 농사짓는 법은 없었으나, 초목의 열매 따위를 먹고 살았으니 이것도 농사와 다를 바 없다. 더욱이 사람과 짐승이 힘으로 서로 다투었던 시기였으니, 그물이나 덫을 설치하여 짐승이 두려워 피해 달아나게 했던 것이다. 그러므로 그물과 덫은 짐승의 피해를 막기 위한 것이었지, 짐승의 고기를 먹기 위한 것은 아니었다. 이것을 잡아먹게 된 것은 후세에 생긴 폐단으로, 성인의 뜻은 아니다."

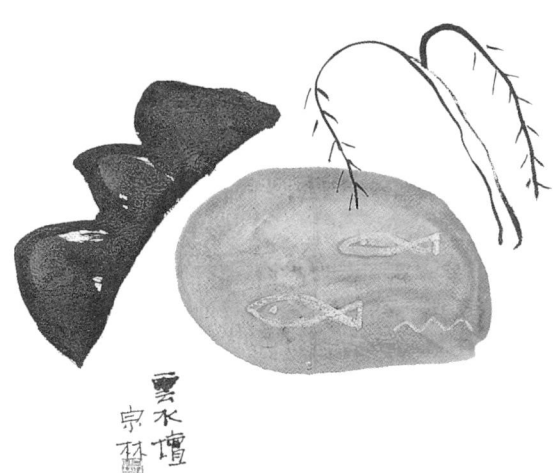

형계형계刑戒

「형계刑戒」는 대장자 여숙간呂叔簡[1]이 쓴 책인데, 추남고鄒南皐[2] 선생이 이를 출판하였고 내가 발문을 썼다. 거기에 적힌 매우 기이한 일 몇 가지를 소개하려 한다.

성품이 난폭한 어떤 관인이 있었다. 그는 걸핏하면 죄수를 심한 매질로 다스렸는데, 맞는 사람이 아픔을 견디지 못하여 내지르는 소리가 천지를 울려도 들은 척도 하지 않았다.

어느 날에 도인 차림의 노인이 대문을 밀치고 들어와서 청사 앞에 우뚝 서더니 눈을 부릅뜨고 관인을 손가락질하며 나무랐다. 관인은 크게 노하여 군사를 불러 매우 치게 하였는데, 그러자 곧 안채에서 "아드님이 가위에 눌려 거의 죽게 되었습니다" 하고 울부짖는 소리가 들려 왔다. 관인이 깜짝 놀라 쫓아 들어가 보니, 아들이 살이 찢기고 터져 피가 낭자한 채 "귀신이 와서 몽둥이로 마구 후려쳤어요. 아파서 견딜 수가 없어요!" 하고 울부짖었다. 관인이 급히 사람을 청사로 보내 보니, 매 맞던 노인은 이미 간 곳이 없었다. 관인은 그제야 크게 후회하며 온몸을 땅에 짓찧으니 머리고 얼굴이고 상하지 않은 곳이 없었다.

아, 그 노인은 천신天神이었을까!
사람들은 누구에게나 부모가 있고 남의 자식이든 내 자식이든 다 같이 소중한 존재인데, 어찌하여 내 자식은 그처럼 애지중지하면서 남의 자식은 초개같이 여겼던 것일까. 그와 같이 하고서도 과연 마음이 편안했을까!

104

어떤 지위 높은 관인은 어린 자식을 사랑하여 백정에게 날마다 돼지 창자를 바치게 하였다. 어느 날은 상한 창자를 가져왔다고 하여 크게 노하여 백정을 심하게 때리니, 상처가 깊어 치료한 지 두어 달 만에야 나았다 한다.

종을 엄한 벌로 다룬 이야기도 이 책에 있다.

이 「형계」라는 책이 온 천하에 널리 읽히고, 백세에까지 전해지기를 바란다.

거친 음식으로 손을 대접하다

어떤 사람이 나이도 많고 벼슬도 높은 어떤 귀인으로부터 식사 대접을 받게 되었다. 그는 진수 성찬을 기대했으나 차려 내온 음식은 거친 현미 밥과 나물 국이 고작이었다. 그러나 그는 매우 탄복하고 말았다.

요즘 부유한 집에서 손을 대접할 때는 새나 짐승, 물고기, 조개 등, 온갖 중생을 지지고 삶고 볶는다. 매우 옳지 않은 일이다.

어떤 이가 따지듯이 물었다.

"『주역』에 짐승을 잡아 성현을 봉양하라 하였습니다. 어떻게 생각하십 니까."

『주역』에서 "두 접시의 음식이면 제수로 충분하다" 하고 가르친 것은 왜 보지 못했는가.

승가僧家에서는 비록 짐승을 잡지는 않지만 소찬素饌이라도 가짓수가 너무 많은 듯하니, 이 또한 옳지 않다.

그가 또 물었다.

"우란분재 날에 세상의 맛있는 음식을 골고루 준비하여 스님들께 공양 하는 것은 어떻습니까."

아, 가난한 노파가 먹고 남은 죽으로 벽지불¹에게 공양하고 하늘에 태 어나는 복을 누렸다는 경전의 가르침을 읽지 못했는가. 공양이란 마음에 달린 것이지 물건에 달린 것이 아니기 때문이다.

벼락

소명윤[1]이 "부모님의 뜻은 거역하면서 귀신을 섬기는 사람에게는 벼락이 내리칠 것이다. 그렇다고 해서 벼락이 이런 사람들을 빠뜨림 없이 모두 다 내리치지는 못한다. 그래서 그 때가 언제가 될지 알 수 없다"라고 말한 적이 있다. 명윤의 이 말은 사람들로 하여금 두려운 마음을 내어 악한 짓을 하지 않게 하려는 것이었으나, 벼락 치는 것을 빠뜨릴 수도 있다고 하여 저들로 하여금 두려워하지 않게 하기도 하였다.

그러나 악한 일을 저지르고서 그 과보를 받는 경우가 벼락뿐인 것은 아니다. 생전에 나쁜 병에 걸려 죽거나, 법을 어기고 죽거나, 범을 만나 물려 죽거나, 물에 빠져 죽거나, 불에 타 죽거나, 칼이나 도끼에 맞아 죽거나, 비상 따위의 독약을 먹고 죽거나, 담이 무너져 돌무더기에 깔려 죽거나, 과보를 받기는 모두 마찬가지다.

더욱이 금생에 과보를 받기도 하고 내생에 받는 경우도 있으며, 인간 세상에서 받기도 하고 명부에서 받는 경우도 있으니, 벼락을 맞지 않았다 하여 과보를 받지 않을 것이라고 말해서는 안 된다.

참된 벗

중봉 선사가 경책하시기를, "참선을 하는 데는 반드시 훌륭한 벗을 얻어야만 금생에 공부를 마칠 수 있다" 하셨으나, 또 한편으로는 "석가나 달마를 가까이하더라도 벌써 낡은 격식에 불과하다"라기도 하셨으니, 참으로 제호醍醐[1] 같은 지당한 말씀이라 할 것이다.

그러나 어리석은 사람에게 들려주기는 조심스러운 말씀이기도 하다. 왜냐하면 이 말에 집착하여 제멋대로 생각하고 되는 대로 행동하여 벗을 가까이하는 이익을 알지 못하면, 도리어 이 말은 독약이 되고 말기 때문이다.

벗을 얻는 일이 어려운 것이 아니라, 훌륭한 벗을 얻는 일이 어려운 것이다. 음식이나 재물을 구하여 서로 좇는 사람은 나쁜 벗이요, 선행을 서로 권하고 나쁜 짓을 서로 경계해 주는 사람은 좋은 벗이다.

나를 올바른 수행의 길로 인도하고 나에게 최상승법을 보여주며, 내 등불이 되고 내 눈이 되며, 내 길잡이가 되고 내 의왕醫王[2]이 되는 사람은 참된 선지식과도 같으니, 하루도 멀리해서는 안 된다.

진정한 보살

유공劉公은 이름이 관寬[1]이다.

그가 군을 맡고 있을 적에 잘못을 저지른 사람이 있으면 부들 회초리로 다스리곤 하였다. 어느 날 그의 아내가 남편의 성품을 시험하기 위하여 계집종을 시켜 일부러 국을 쏟아 조의朝衣를 더럽히게 하였다. 그러나 공은 계집종이 손을 데이지나 않았는지 걱정할 뿐, 끝내 노여워하지 않았다. 이 두 가지 사실로 미루어 보아 그는 참으로 보살과 같은 사람이었음을 알 수 있으니, 이는 아무나 할 수 있는 일이 아니다.

요즘에 백성을 다스리는 사람은 엄한 형벌을 쓰면서도 옥을 없애지 못하고 있으나, 그 옛날 유공은 부들 회초리로 다스려도 백성들이 저절로 교화되었으니 참으로 큰 위신력이 아닌가!

또 요즘에 하인을 부리는 사람은 조금이라도 뜻에 맞지 않으면 형벌을 내리고 있으나, 유공은 제 조의를 더럽혔는데도 그를 측은히 여기며 꾸짖지 않았으니 깊은 자비심이 아니면 어찌 그럴 수 있었겠으며, 조회할 시간이 가까웠으나 그저 조용히 옷을 갈아입었을 뿐 마음에 동요가 없었으니, 큰 선정禪定의 힘이 아니면 어찌 그럴 수 있었으랴.

화택火宅[2] 가운데 있으면서도 이와 같은 온화하고 여유로운 품성과 기량을 갖추었으니, 출가 사문이 포단蒲團[3] 위에서 서른 해 동안 공부한 것보다 낫다 하겠다.

우리는 이것을 보고 부끄러워하지 않을 수 있겠는가. 더욱 애쓰지 않을 수 있겠는가.

물고기와 학을 기르는 일

금붕어를 기를 때에는 지렁이나 새우 따위를 먹이로 삼고, 학을 기를 때에는 작은 물고기를 먹이로 삼는다.

그런데 학에게는 한 번 주는 먹이가 백 마리가 넘기 일쑤이고, 금붕어는 천 마리도 넘는다. 이렇게 금붕어나 학을 기른답시고 날이 가고 달이 가고 해가 바뀌도록 살생하는 업을 끝도 없이 짓고 있다.

누에를 치고 가축을 기르는 것은 따뜻한 옷을 입고 배불리 먹기 위해서라고 하겠지만, 물고기나 학은 그저 보고 즐기기 위한 것일 뿐이다.

슬프다, 이런 짓을 그만두게 할 수는 없을까!

용안龍眼[1]

종백宗伯[2] 육공陸公은 나이 아흔일곱 살이 되도록 용안을 즐겨 먹으니,
그 때문에 용안 값이 크게 올라 그 쪽에서는 매우 귀한 물건이 되었다 한
다. 또 어떤 노인은 새벽마다 꿀물 한 그릇씩을 마셨다. 이 노인이 더 오래
살았더라면 벌들은 먹이가 떨어져 모두 굶어 죽을 뻔하지 않았는가.

내 고향의 어떤 노인은 종백보다 나이가 여섯 살이나 더 많았으나 찐
돼지 고기를 좋아했으며, 나의 두 노모께서는 한 분은 미음을 좋아하시고
또 한 분은 산초를 즐겨 드시면서도 모두 연세가 아흔 살 이상이나 되었
으므로, 곁에서 보는 사람이면 누구나 이를 본받으려 하였다.

섭생이 군자로서 가벼이 할 수 없는 일이기는 하지만, 죽고 사는 것은
하늘의 뜻이라는 가르침도 기억해야 한다.

공자는 일흔 살밖에 살지 못했으나 어찌 그가 섭생을 게을리 했겠으며,
안회는 서른 살로 요절하였으나 아무도 그가 대그릇에 담은 거친 밥을 먹
어서 그리 되었다고는 말하지 않는다. 또 어떤 노인은 일백 살이 되도록
물건을 지고 다니며 팔면서도 죽도 제대로 챙겨 먹지 못했다.

그러니 종백은 덕을 쌓은 덕분으로 장수를 누린 것이지, 그가 즐겨 먹
은 용안으로 그리 된 것은 아니다.

하물며 부처님의 장생이라!

현세의 과보 1

과보에는 세 가지가 있다. 하나는 금생에 저지른 악한 짓에 대한 과보를 금생에 받는 것, 둘째는 금생에 저지른 악한 짓에 대한 과보를 바로 다음 생에 받는 것, 셋째는 금생에 저지른 악한 짓에 대한 과보를 바로 다음 생에 받지 않고 수많은 생을 지낸 뒤에 받는 것이다. 선행도 마찬가지이다. 이것을 삼세설三世說이라 한다.

과보에 이렇게 더디고 빠름이 있는 것은 저마다 그럴 만한 인연이 있기 때문이다. 그러나 세상 사람들은 흉악한 죄를 저지른 이가 그 과보도 받지 않거니와, 심지어는 전에보다 더욱 융창해지는 것을 보고는 분통을 터뜨리며 불평한다. 이것은 삼세설을 알지 못하기 때문이다.

뒤의 두 가지 과보는 눈앞에서 직접 보거나 겪을 수 없는 것이고 보니, 사람들은 오직 현세의 과보만을 중히 여긴다. 이에 내가 현세에 과보를 받은 몇 가지 사례를 적어 보려 한다. 이 이야기들은 내가 직접 목격한 일들로서, 남에게 전해들은 것이 아니다.

종을 매우 사납게 대하는 사람이 있었다. 그는 종들에게 매질을 하는데, 걸핏하면 몇 백 대에 이르곤 하였다. 하루는 종 한 사람을 끌어다 목은 동쪽 기둥에 묶고 발은 서쪽 기둥에 묶어 꼼짝할 수 없도록 해 놓고는 쉬지 않고 심하게 매질을 하였다. 그의 아버지가 이 광경을 보고 크게 노하여 얼른 가서 풀어 주고는, "빨리 도망해라. 그 놈이 만약 네가 도망한 것을 관에 고하면, 나는 그 놈이 애비의 뜻을 거역한 것을 고하겠다"하여, 그 종은 겨우 살아날 수 있었다. 뒷날 이 사람은 집안이 기울어 제 아들을 남의 집에 팔아 버리고 저는 시골 관청의 문지기가 되었다.

또 어떤 사람은 마치 관아에서 죄인을 다루듯이 평생 사람에게 매질을 하더니, 나중에 관의 형벌을 받아 감옥에서 죽었다.

평범한 아낙으로서 낭비가 극심한 사람이 있었는데, 늙은 뒤에 자녀가 다 죽어서 의지할 곳 없이 삯바느질로 겨우 살아갔다.

벼슬살이하던 귀한 집 자식으로서 교만하고 사치한 사람이 있었는데, 쓸데없는 곳에 돈을 뭉텅뭉텅 뿌리고 다니면서도 전혀 부끄러운 줄을 모르더니, 나중에 어떤 동냥중을 따라다니면서 사방으로 밥을 빌고 다녔다.

어떤 사람은 천신天神의 상을 때려부수고서도 전혀 거리낌이 없더니, 나중에 마을 사람들에게서 매를 맞고 병들어 죽었다.

어떤 사람은 부처님과 성현을 욕하고 헐뜯음이 사람들이 차마 귀로 들을 수 없을 지경이었는데, 나중에 외지에서 객사하여 돌아오지 못하였다.

어머니가 재산을 제게 모두 넘겨주지 않는다고 화를 내며 어머니가 모시고 있던 관음 보살의 한 쪽 팔을 분질러 버린 사람이 있었다. 그는 뒷날 호당湖塘에서 말을 타고 달리다가 말에서 떨어져 팔이 부러지고 거의 죽을 뻔하였다.

또 어떤 사람은 딸 일곱과 아들 일곱을 보았는데, 딸은 낳기만 하면 곧 바로 물에 빠뜨려 죽여 버렸다. 그런 뒤에 아들 일곱도 앞서거니 뒤서거니 하며 모두 죽고 말았고, 마침내 늙은 부부만 서로 붙들고 울며 세월을 보낼 뿐이었다.

또 출가한 스님 몇 사람은 아만이 탱천하여 서로 잘난 척하면서 주위 사람들의 의견을 무턱대고 꾸짖고 비방하며, 심지어는 선철先哲들까지도 무시하여 함부로 헐뜯고 비방하더니, 모두 오래 살지 못하고 죽었고, 그 가운데 어떤 이는 몹쓸 병이 들어 죽기도 하였다.

우선 이러한 사실을 적어 오만함을 경계하노라.

어떤 이가 물었다.

"여래의 신통력은 불가사의하십니다. 그런데 어찌하여 나쁜 사람은 현생에 나쁜 과보를 받게 함으로써 사람들이 날마다 조심하여 감히 악행을 저지르지 않게 하지 않으시며, 착한 사람은 현생에 좋은 과보를 받게 함으로써 사람들이 날마다 더욱 선행에 힘쓰게 하지 않으십니까? 그렇게 되면 자연히 천하가 태평할 텐데요."

아! 업보에 빠르고 더딤이 있는 것은 중생의 업보로 저절로 그렇게 되는 것일 뿐, 대성인이라도 빠른 것을 늦추어 더디게 하지 못하며, 더딘 것을 앞당겨 빠르게 하지 못한다.

오직 인과는 헛되지 않고 빚 갚음은 피할 수 없는 것임을 입이 쓰도록 가르치실 뿐이다. 듣고도 믿지 않으면 어쩔 도리가 없는 일이다.

또 물었다.

"영가 대사는 '깨달으면 업장이 본래 공空하다' 하셨습니다. 공하다면 어찌 인과나 빚 갚음 따위가 따로 있겠습니까?"

"그대가 지금 깨달음을 얻었는가?"

"그렇지 못합니다."

"그렇다면 마땅히 묵은 빚을 갚아야 한다!"

꿈

옛말에 "세상살이란 큰 꿈과 같다" 하였고, 경전에는 "다시 와서 세상을 보니 마치 꿈속의 일과 같다"고 하였다.

여기서 '같다'고 한 것은 할 수 없이 비유로 말한 것이라는 뜻이지만, 사실은 정말 꿈이지 비유가 아니다.

사람이 태어나서 자라나고, 마침내 늙어서 죽었다가, 다시 곧 한 포태胞胎에 들어가서, 잠시 뒤에는 다시 한 포태에서 나온다. 그러고는 다시 들고 남이 끝나지 않는다.

그뿐만 아니라 태어나도 온 곳을 알지 못하고 죽어도 가는 곳을 알지 못하니, 캄캄하고 아득하여 천생千生을 받고 만겁萬劫을 지내도록 스스로 알지 못하며, 잠깐 동안에 지옥에 떨어지고, 잠깐 만에 아귀가 되고 축생이 되고, 인간 세상에 태어나고 천상에 태어나서, 올라가고 내려가고 올라가서 방황하고 망연하여 천생 만겁토록 스스로 알지 못하니, 이것이 꿈이 아니고 무엇이란 말인가!

고시古詩에 이른 바 있다.

베갯머리 잠시 봄꿈 꾸면서
강남의 몇 천 리를 쏘다녔네

요즘 명리에 이끌리어 만 리를 오가는 자들은 어찌 반드시 베갯머리에서만 그러하겠는가.

그러므로 장자는 나비를 꿈꾸었다고 하였으나, 나비가 되는 꿈을 꾸기

전에도 또한 꿈이었고, 공자가 꿈에 주나라 문왕을 만났다고 하였으나 문왕을 만나기 전에도 또한 꿈이었으니, 광대겁曠大劫 동안 한 순간도 꿈속에 있지 아니한 때가 없었다.

무명을 완전히 깨뜨려 없애시고 훤출히 크게 깨달으시어 "천상 천하에 오직 나만이 존귀하다" 하신 분! '꿈 깬 사나이'란 이런 분을 두고 하는 말이다.

2

어리석은 사람은 경계를 없애고
마음은 없애지 않으며,
지혜로운 사람은 마음을 없애고
경계는 없애지 않는다.

무위無爲 스님

　오강吳江 유경암流慶庵의 무위 능無爲能 스님은 나보다 나이도 많고 덕
도 높으며 출가한 지도 오래 된 분이다. 내가 젊었을 적에 소호蘇湖 지방
에 머물 때는 같은 방에서 좌선한 적도 있었다.

　내가 운서雲棲에 머물 적에 무위 스님이 찾아와 계를 받고 제자가 되기
를 바라기에, 내가 옳지 않다고 사양하였으나 굳이 간청하며 말하기를
"옛날에 보혜, 보현 두 보살도 광려연사[1]에 들어가기를 원하였는데, 제가
어떤 사람이라고 훌륭한 회상을 마다겠습니까" 하였다. 동라석董蘿石이
후배를 찾아뵈온 고사[2]도 있는지라 부득이 이를 허락하였으니, 공이 어질
면서도 어리석은 체하는 것이 참으로 고인의 풍모가 엿보이기에, 이 일을
적어 뒷사람에게 권하는 바이다.

자신을 낮추어 법을 얻다

태원사의 부孚 스님이 양주 효선사에서 「열반경」을 강의하면서 법신法身의 미묘한 이치를 설하고 있는데, 어떤 선자禪者가 이를 듣고는 실소를 금치 못하였다. 강론을 마친 부가 그 선자를 모시고 차를 대접하면서 물었다.

"제가 어리석어서 문자를 따라 뜻을 해석하다가 스님의 웃음거리가 되고 말았으니, 저를 위해 잠시 가르침을 펴소서."

"좌주座主께서 설하신 내용이 옳지 않은 것은 아닙니다. 다만 법신의 지말支末만을 설했을 뿐, 실제로 법신을 알지는 못했다는 것입니다."

"저를 위해 한 말씀 더 해 주십시오."

"좌주께서 믿으시겠습니까?"

"어찌 감히 믿지 않겠습니까."

"좌주께서는 한 열흘 강의를 멈추시고, 편안히 앉아 마음을 거두고 생각을 섭수하여 선과 악의 여러 가지 인연을 한꺼번에 놓아 버리십시오."

부 스님은 그 선자의 가르침에 따라 초저녁부터 힘써 공부를 짓더니, 오경에 이르러 야경꾼의 딱따기 소리를 듣고 홀연히 대오하였다.

양수良邃 좌주가 어느 날 마곡麻谷 스님을 찾아뵈었으나 마곡이 호미를 들고 채마밭으로 들어가면서 돌아보지도 않더니, 다시 방장方丈으로 돌아와서 문을 닫아 버렸다.

다음날 다시 찾아뵙고자 문을 두드렸다.

"누구냐?"

양수 좌주가 막 제 이름을 대려고 하다 홀연히 대오하였다.

부와 양수 두 분 존숙尊宿은 마음을 비우고 자신을 낮추어 아만심을 갖지 않은 까닭에 이와 같은 큰 법을 성취하였거니와, 요즘 사람들은 스스로 잘난 척하고 있으니 어찌 이런 일이 있을 수 있겠는가.

출가자도 부모에게 절을 해라

내가 「정와집」에서 "잘못된 풍습은 바로잡아야 한다. 부모가 출가한 아들에게서 절을 받지 않고 도리어 예를 올리다니! 부모는 출가한 자식에게라도 절을 해서는 안 된다" 하였더니, 어떤 스님이 화를 내며, "「법화경」에 '대통지승 여래가 성불하시자 그의 아버지인 윤왕輪王이 그를 향해 정례頂禮하였다' 라고 적혀 있소. 이것은 부모가 자식에게 절을 한 좋은 본보기요. 부처님의 이와 같은 가르침이 있는데도 그렇게 말하십니까?" 하였다.

내가 합장하고 물었다.

"그대를 무슨 여래로 불러 드리리까?"

"무슨 그런 말씀을⋯."

"아직 여래가 아니시면, 곧 정각을 이루실 분인가요?"

"무슨 그런 말씀을⋯."

그래서 내가 이렇게 말하였다.

"아직 그러하지 못하다면, 먼저 그대가 정각을 거의 이루고, 다시 10겁을 도량에 단정히 앉아 마침내 대통 여래의 지위를 얻은 다음에 부모의 절을 받아도 늦지 않을 것이오. 그대는 스님이지 아직 부처는 아니지 않소. 부처님은 스님을 위하여 법을 세우셨지, 부처를 위하여 법을 세우지는 않았소.

세상 사람들이 불교를 '부모도 모르고 임금도 모르는 종교' 라고 비방하오. 그래서 내가 그 잘못을 바로잡아 세상의 비방을 물리치고 정법이 오랫동안 세상에 머물기를 바라는 것인데, 그대는 어찌하여 구업口業을 두

려워하지 않고 스스로 사자 몸 속의 벌레가 되려 하오. 진정 안타까운 일
이오!"

세간의 지혜와 출세간의 지혜

지혜에는 세간世間의 지혜와 출세간出世間의 지혜 두 가지가 있다.

세간의 지혜에도 두 가지가 있으니, 첫째는 학문이 깊고 문장이 훌륭하며 재주가 능숙하고 책략이 깊으나 권모 술수로 남을 이기려 하는 것이다. 두번째는 선과 악을 밝히고 사邪와 정正을 구별하며, 반드시 행해야할 것은 행하고 그만두어야 할 것은 그만두는 것이다.

둘 가운데 겨우 처음 것만을 얻으면 이를 '경망한 지혜'라 부르니 반드시 지옥과 아귀와 축생의 삼악도三惡道에 떨어질 것이요, 그 뒤엣것까지마저 얻어야 이를 '올바른 지혜'라고 부르니 그 과보로 인간 세상이나 천상에 태어난다. 왜냐하면 덕이 재주보다 나은 이를 '군자'라고 부르고, 재주가 덕을 앞서는 이를 '소인'이라고 부르기 때문이다.

출세간의 지혜에도 두 가지가 있다. 첫번째는 여래의 정법인 사제四諦[1]와 육도六度[2] 등을 능히 잘 분별하여 이에 따라 받들어 행하는 것이요, 두번째는 무명無明[3]의 미혹을 철저히 타파하여 자신의 본심本心을 보는 것이다.

그 가운데 겨우 처음 것만을 얻었으면 이는 '출세간의 지혜'에 머물 뿐이니 '차츰차츰 닦아 들어감(漸修)'이요, 그 뒤엣것마저 얻어야만 '출세간의 높고 높은 지혜'이니 '단박에 뛰어넘음(頓超)'이다. 근본을 얻기만하면 지말은 근심할 것이 없지만, 지말을 얻었다고 반드시 근본을 얻는 것은 아니기 때문이다.

요즘은 겨우 세간 지혜의 처음 것만을 얻고서 곧 크게 깨달음을 얻었다고 말하는 사람이 있으니, 어리석음이 어찌 이렇듯 심한가.

보살의 중생 제도

경전에 이르기를, "보살은 자신을 제도하기에 앞서 먼저 다른 이를 제도한다" 했다. 어리석은 사람들은 "보살은 오직 중생을 제도할 뿐, 자신은 제도하지 않는다" 하니, 자신도 또한 중생 가운데 하나임을 알지 못하고 하는 말이다. 중생을 모두 제도하려 할 때에 어찌 나라는 중생 하나만을 빠뜨릴 리가 있겠는가.

보살을 핑계하여 밖을 좇고 어찌 안은 잊어버리는가!

동파東坡[1] 거사

홍각범[2] 스님은 말하였다.

"동파 거사의 문장과 덕행은 천고에 빼어나고 또 불법에 깊이 들어갔으나, 마음속으로 장생술長生術을 잊지 못하더니, 아무 공을 이루지 못하였을 뿐만 아니라, 도리어 이것으로 말미암아 병들어 죽었다."

나는 이렇게 말하고자 한다.

"동파 거사도 그러하거든 하물며 보통 사람임에랴. 지금 입으로는 나고 죽음이 없는 무생無生의 진리를 말하면서도 마음속으로는 장생을 사모하는 자가 있으며, 처음에는 무생을 배웠으나 얼마쯤 지난 뒤에는 장생으로 업을 바꾸는 자가 있으니, 이런 일은 대체로 지견知見이 진실하고 확실하지 못한 탓이다.

도인은 찰나에도 올바른 지견을 잊어서는 안 된다."

128

경을 읽을 때의 마음가짐

총융總戎인 척戚 공은 평소에 「금강경」을 늘 곁에 두고 독송하던 분이다. 그가 월越의 삼강三江을 지킬 때의 일이다. 죽은 군사 한 사람이 꿈에 나타나 "내일 처를 공에게 보낼 테니 바라건대 저를 위하여 경전 한 권을 읽어 주시어 저의 저승길을 도와 주소서" 하였다.

다음 날 어떤 부인이 슬피 울며 공을 뵙고자 한다기에 그 까닭을 물으니, 과연 꿈에서 들은 말과 같았다.

공이 그러마고 약속하고 새벽에 일어나 경을 독송했더니, 꿈에 군사가 나타나 "공의 큰 은혜를 입었나이다. 그러나 겨우 반 권만을 들었으며, 그 가운데 '불용不用'이라는 두 글자가 섞여 있었나이다" 하고 말했다. 공이 그 까닭을 생각해 보니, 경을 독송하는 도중에 나인이 계집종을 시켜 차와 떡을 들여오기에 공이 멀리서 보고 손을 저어 물리친 적이 있었는데, 입 밖으로는 아무 말도 하지 않았으나 속마음으로 '불용(필요 없다)'이라고 했던 것이다.

다음 날은 일찍부터 아예 문을 닫아걸고 경을 독송하였더니, 그날 밤에 그 군사가 사례하며 "이제 저승을 벗어나 제 갈 길을 가나이다" 하였다.

이것은 내가 삼강의 동림 스님에게서 직접 들은 것이니, 동림 스님은 진실하고 돈독하여 도행이 있는 분이라 거짓말을 할 이가 아니다.

아, 경을 독송하는 스님네는 참으로 신중히 해야 할 일이다.

도인에게 중요한 일과 하찮은 일

예전에 도인을 칭송한 것은, 세상 사람들이 소중히 여기는 것을 도인은 가벼이 여기고, 세상 사람들이 가벼이 여기는 것을 도인은 소중히 여겼기 때문이었다.

세상 사람이 소중히 여기는 것은 부귀와 공명이요, 세상 사람이 하찮게 여기는 것은 마음이다.

그러나 요즘에는 소중히 여기고 하찮게 여기는 것이 세상 사람과 꼭 같으니, 그러고도 도인이라 할 수 있겠는가.

뒤바뀐 일

말법末法의 스님들 가운데는 글씨를 익히거나 시문을 익히며 편지 쓰는 투를 익히는 사람도 있다. 이런 일들은 모두 사대부들이 하는 짓이다. 그런데 사대부들도 이런 것들을 멀리하고 선禪을 배우기에 온 힘을 기울이기도 하는데, 도리어 스님들이 버려야 할 것들을 익히면서, 자신들이 진정으로 애써야 할 일인 일대사 인연[1]은 내버려 둔 채 나 몰라라 하고 있다.

어찌 이처럼 뒤바뀐 짓을 하는가.

종문宗門의 문답

학덕을 겸비한 옛 선사나 장로가 서로 만나 묻고 답한 기연機緣은, 아무런 뜻이 없어 보이기도 하고, 놀랍거나 의심스럽기도 하고, 또는 서로 꾸짖는 것 같기도 하고, 농담하는 것 같기도 하다. 그러나 이것은 모두가 진실하게 참구하여 실답게 깨달은 가운데서 나온 것이어서, 물과 우유가 서로 섞이고 함과 함 뚜껑이 서로 맞물리는 것과 같이 한 자 한 구절도 섣부른 것이 없었다. 뒷사람이 이런 줄을 알지 못하고 함부로 이를 흉내낸다면 그가 짓는 구업口業이 적지 않으리라.

비유하자면, 두 사람의 고향 친구가 천리로 멀리 떨어져 오랫동안 이별해 있다가 어느 날 갑자기 만나게 되면 반가워서 고향 사투리나 은어나 상스런 말 따위를 주고받는데, 곁에서 이런 광경을 보는 사람에게는 이 또한 뜻도 없어 보이고, 놀랍기도 하며 의심스럽기도 하고, 서로 욕하는 것 같고 농담하는 것 같아 보이지만, 사실은 한마디 한마디가 모두 진정에서 우러나오는 말이며 간절한 마음을 토로하는 것이다. 옆의 사람은 두 사람이 무슨 말을 하고 있는지 알 길이 없지만, 이 두 사람은 그런 가운데 서로의 뜻을 이해함이 마치 물과 우유가 서로 섞이고 함과 함 뚜껑이 서로 맞물리는 것과 같은 것이다.

그러니 지금은 우선 입을 다물고 그저 저마다 참구하는 공안公案을 향하여 온 힘을 기울일 일이다. 오직 깨닫지 못할 것을 근심할 뿐, 깨달은 뒤에 말할 줄 모를 것을 근심할 일은 아니다.

벽암집 碧巖集[1]

묘희 스님[2]이 원오[3]의 「벽암집」 판을 모조리 부숴 버린 일을 두고, 지혜가 천박한 사람은 묘희 스님이 원오 선사를 하찮게 여긴 탓이라고 생각할 뿐, 그가 언어 문자에 집착하는 것을 걱정한 데서 비롯된 행동임을 알지 못하였다.

설두[4] 화상이 지은 송고 백칙頌古百則[5]은 송고 중의 으뜸이라 일컬어진다. 원오 선사가 처음으로 그 글에 평창評唱[6]을 붙이니, 또한 평창 중의 으뜸이라 할 만하다. 그러나 이것이 어디까지나 문자 반야[7]일 뿐인데도, 어리석은 사람은 이것에 집착하기에 묘희 스님이 이 점을 설파한 것이다. 묘희 스님은 학인의 정식情識을 부숴 버린 것이지, 「벽암집」을 부순 것이 아니다. 그 '부숴 버렸다'는 말은 운문[8] 선사가 "한 방망이로 때려죽이리라"고 한 뜻과 비슷하다 하겠다.

이런 뜻을 바르게 이해하면 「벽암집」의 마디마디가 전단栴檀[9]일 것이요, 집착하여 이것에 빠지면 팔만 대장경의 판板도 모두 부숴 버려야 한다.

아, 이것은 아는 사람하고나 논할 만한 이야기구나!

진실한 도인

업業을 짓는 사람이 백 명이라면 그 가운데 선업善業을 짓는 이는 겨우 한둘이요, 선업을 닦는 사람이 백 명이라면 그 가운데 도를 향하는 이는 겨우 한둘이며, 도를 향하는 사람이 백 명이라면 굳건하게 오랫동안 지켜 나가는 이는 한둘이며, 굳건하게 오랫동안 지켜 가는 사람이 백 명이라면 굳건하고도 오래도록 그 마음을 지켜 보리심菩提心에 이를 때까지 물러나지 않는 이는 겨우 한둘에 지나지 않는다. 이와 같은 마지막 경지에 이른 사람이라야 진정한 도인이라 할 수 있으니, 참으로 어려운 일이다.

경전 바로 읽기

경전은 반드시 전체적이고도 폭이 넓게 읽어야만 비로소 융통하여 한쪽으로 치우치는 잘못을 저지르지 않게 된다. 대체로 경전은 이 곳에서 내세운 말을 저 곳에서는 버리고, 이 곳에서 버린 말을 저 곳에서는 내세우곤 하니, 그것은 어떤 상황이나 법을 듣는 사람의 수준에 맞추었을 뿐, 한 가지 법만을 고집하지는 않았기 때문이다.

이를테면 「능엄경」에서 대세지 보살이 원통圓通에 들지 못한 것만을 보고서[1] 정토를 찬탄한 다른 경전을 멀리한다면, '염불 법문은 숭상할 만한 것이 못 된다'고 생각하기 쉽다.

달마 대사가 양 무제의 물음[2]에 대하여 "공덕은 복을 짓는 데 있지 않다"라고 말한 것만을 보고서, 여섯 가지 바라밀을 원만하게 수행하라는 육도 만행六度萬行을 가르친 수많은 경전을 멀리한다면, '조작되고 현상적인 유위有爲의 복덕은 버려야 한다'고 생각하기 쉽다.

이와 반대로 정토에 집착하여 선종을 비방하거나, 유위有爲에 집착하여 영구 불변의 절대적 존재인 무위無爲를 비방하는 것도 마찬가지다.

그와 같은 생각이나 태도는, 예컨대 의서醫書를 읽으면서 "한병寒病을 다스리는 데는 육계肉桂와 부자附子를 쓰고 황금黃芩과 황연黃連은 버려야 하며, 허로虛勞를 다스리는 데는 인삼이나 황기黃耆는 쓰고 지실枳實과 박초朴硝는 버려야 한다"는 것만을 읽고, 황금이나 황연, 지실이나 박초도 어떤 경우에는 반드시 써야 하며, 육계나 부자, 인삼이나 황기도 어떤 때는 반드시 버려야 하는 줄을 알지 못하는 것과 같다 하겠다.

그러므로 의서의 한 가지 방문方文만을 고집하면 육신을 그르치게 되고, 경전의 한 가지 뜻에만 집착하면 지혜의 목숨을 잃게 된다.

내가 일찍이 『육조단경』은 지혜가 없는 사람에게 읽게 해서는 안 된다"라고 말한 적이 있거니와, 이것은 바로 이것만을 고집하여 저것은 버릴까 염려해서이다.

도화道話

　예전에 도를 배우던 사람들은, 손과 주인이 만나면 문 안으로 들어서자마자 곧 이 일대사—大事 인연을 놓고 서로 탁마하고 연구하였으나, 요즘은 떼로 모여 앉아서 그저 잡담이나 늘어놓거나 세상의 허망한 일을 좇기만 하고, 마음 내키는 대로 천리를 여행하면서도 선지식을 찾아 도를 물으려 하지 않는다.

　아득하구나, 고풍이여! 다시는 돌아오지 않으려나. 슬프다.

선종과 염불이 서로 다투다

두 스님이 길에서 만났다. 한 사람은 참선하는 스님이요 또 한 사람은 염불하는 스님이었다.

참선하는 스님이 말하였다. "본래 부처가 없으니 염송할 대상이 없다. 부처라는 말을 나는 듣기 좋아하지 않노라." 염불하는 스님도 지지 않고 말했다. "서방에 부처님이 계시니 그 명호는 아미타불이시다. 이 부처님을 생각하고 염하면 반드시 부처님을 뵐 수 있다." 그러면서 있다거니 없다거니 하고 시비가 그치지 않았다.

그 때 어떤 소년이 지나가다 이들이 다투는 말을 듣고는 "두 분의 말씀은 모두 판자를 짊어지고 가는 격이어서 한 쪽밖에 보지 못했습니다" 하고 참견하였다.

두 스님이 꾸짖었다. "속인 나부랭이가 어찌 불법을 알랴!"

"그렇습니다. 저는 속인입니다. 그러나 세속 일에 견주어서 불법을 이해할 수도 있습니다. 저는 배우랍니다. 무대 위에서 어떤 때는 임금이 되기도 하고 어떤 때는 신하가 되기도 하며, 남자 또는 여자가 되기도 하고, 어떤 때는 선인, 어떤 때는 악인 등 갖가지 신분이 됩니다.

그러나 임금이니 신하니, 선이니 악이니, 남자니 여자니 하는 것을 찾아보면, 있다고 하면 실제로는 없고, 없다고 생각하면 또한 없지도 않습니다. 있다는 것은 없다는 것에 붙어서 있는 것이요, 없다는 것은 있다는 것에 붙어 있으니, 있다는 것과 없다는 것이 모두 사실이 아닙니다. 그러나 나의 본신本身은 늘 그대로 존재하고 있으니, 그런 줄 안다면 어찌 다툴 것이 있겠습니까."

두 스님이 아무 대꾸도 하지 못했다.

무이도武夷圖

내가 병이 들어 자리에 누워 있을 때, 어떤 이가 무이구곡도武夷九曲圖[1]를 선물하기에 이를 펴 보고 매우 기뻐한 일이 있었다. 그 일로 생각나는 일이 있다.

옛날에 어떤 사람이 병이 깊이 들어 일어나지 못하다가, 한 벗이 망천도輞川圖[2]를 감상하게 하자 열흘도 안 되어 병이 나았다고 한다. 그래서 서방 극락 세계를 그림으로 그려 사람들이 지니고 아침 저녁으로 예를 올리게 하였는데, 신기한 영험이나 빠른 효과가 망천의 그림보다 낫다는 말을 듣지 못했다.

이것은 무슨 까닭일까. 망천은 그 유적이 세상에 남아 있어서 쉽게 묘사할 수 있으나, 극락 세계는 세상 밖에 초월해 있는 것이니 이를 형상화하기 어려우므로, 사람의 마음을 끄는 힘이 망천을 그리는 사람의 교묘한 솜씨에 미치지 못했기 때문일 것이다.

저 계두마사鷄頭摩寺[3]에서 전하는 것이나 「십육관경十六觀經」[4]에서 설하는 것도 그 가운데 대강만을 보였을 뿐이다.

극락 세계는 도리천이나 도솔천, 화락천 따위가 조금치도 미치지 못하는 곳이다. 그러니 사람들에게 이를 자세히 보여 줄 수만 있으면, 어찌 육체의 병뿐이랴. 팔만사천 번뇌의 병마저 남김 없이 소멸할 것이다.

옛 사람이 "마음은 안양安養[5]에 머무르고 있다" 하고, 또한 "마음을 먼저 보내 극락천으로 돌아가노라" 하였으니, 어찌 공연히 하신 말씀이겠는가.

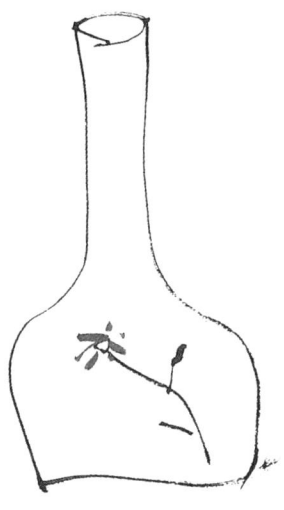

행각

내가 처음 혼자 행각行脚할 때는 목마름과 배고픔을 참고 추위와 더위를 견뎌야 하는 등 갖은 고초를 겪었으나, 이제는 다행히 주리지도 않고, 사는 곳도 있다.

그러나 내가 비록 수행은 변변치 않으나 부끄러워할 줄은 알아서, 납자들이 찾아오면 나름대로 넉넉히 베풀었으니, 나를 위해 분수에 넘치게 쓰거나 갖지는 않았다. 이것은 내가 일찍이 나그네 신세가 되어 본 적이 있었으므로 객에게 유달리 정이 가는 것이니, 가난한 사람이 부유하게 되면 흙 한 줌도 금쪽 같이 아끼는 것과 같은 이치이다.

그런데 요즘은 갓 출가하여 스님이 되자마자 금방 번듯한 절을 차지하고, 마치 부잣집 자식과 같이 온갖 일을 뜻대로 하고 살면서 세상의 어려움은 전혀 돌아보지 않으며, 손이 찾아오면 문을 닫아걸어 아만을 떨고는 하니, 아만을 익히고 무명만 더욱 키워 잃는 바가 적지 않을 것이다.

지혜

「증일아함경」에서 부처님은 "계율을 깍듯이 지키는 일도 흔한 일이요, 삼매를 얻는 것도 흔히 있는 일이며, 신통력을 얻는 것도 그다지 대수로운 일이 아니다. 최상의 진리는 지혜를 성취하는 일이다" 하셨다.

그렇다면 계戒와 정定과 혜慧의 삼학三學과, 보시 등 육바라밀 가운데 지혜가 가장 중요한 것이므로 결코 가벼이 여겨서는 안 되며, 지혜가 가장 앞서는 것이므로 뒤로 미뤄서도 안 되며, 오직 지혜만이 모든 가르침을 꿰고 있으므로 다른 것과 똑같이 여겨서는 안 되는 것임을 알 수 있다.

경전에 "계율을 바탕으로 선정이 이루어지고, 선정을 바탕으로 지혜가 난다"고 한 것은 발생하는 차례로 말하면 그렇다고 할 수도 있겠으나, 이들 가운데 가장 소중히 여겨야 할 것과, 먼저 해야 할 것과, 모든 것을 두루 꿰고 있는 것은 오직 지혜뿐임을 분명히 알아야 한다.

그러나 지혜라는 것이 총명함이나 변재를 뜻하는 말은 아니다. 앞에 적은 '세간의 지혜와 출세간의 지혜'에서 밝힌 바와 같다.

조계曹溪는 생각을 끊지 않는다

혜능은 기량이 없어서
온갖 생각들을 끊지 않는다.
경계를 대하면 마음이 자주 일어나니
보리가 어떻게 자라겠는가.
惠能沒技倆
不斷百思想
對境心數起
菩提什麽長

어떤 사람이 육조 혜능의 게偈를 외우며, 스스로 뜻을 얻었다고 우쭐거리면서 몸과 마음을 방탕히 하고 어디에도 걸림이 없이 굴었다.

그러자 어떤 거사가 그를 꾸짖으며 말하였다.

"이 게송은 대사가 와륜¹ 선사에게 사상思想의 병을 끊게 하려고 약으로 쓴 것이다. 그대는 이런 병이 없으면서 함부로 이 약을 먹었으니 약이 도리어 병이 될 것이다."

멋지다, 이 말씀이여!

이제 다른 비유로 말하리라. 육조가 "온갖 생각들을 끊지 않는다" 함이 '밝은 거울은 어떤 형상도 거부하지 않는다' 라는 뜻이라면, 세상 사람들이 '온갖 생각들을 끊지 않는다' 함은 흰 비단이 온갖 채색을 받아들이는 것과 같다. 육조가 "경계를 대하면 마음이 자주 일어난다" 함이 '빈 골짜기가 소리를 만나면 메아리가 일어난다' 는 뜻이라면, 세상 사람들이 '경계를 대하면 마음이 자주 일어난다' 함은 '고목이 불을 만나면 연기가 일어난다' 는 것과 같다.

자신을 헤아려 보지 않고 스스로 성인에 부합하려는 사람은 조용한 곳에서 한번 깊이 생각해 보라.

스님의 허물을 들추다

스님의 허물을 들추면 죄를 받는다고 한다. 그러나 공자는 성인이었으나 남이 자신의 허물을 알고 지적해 주는 것을 다행으로 여겼으며, 그의 제자인 자로는 현자였으나 자기의 허물을 듣기를 기뻐하였다. 하물며 스님으로서 어찌 남이 자신의 허물을 들추는 것을 꺼려하여 듣지 않으려 하겠는가.

스님의 허물을 들추어서는 안 된다 함은 신도들을 위하여 한 말일 뿐, 스님들 자신을 위하여 한 말은 아니다. 만일에 스님들이 이런 말을 핑계하여 마음 내키는 대로 행동하면서 전혀 거리낌이 없다면, 이 말은 신도들에게는 좋은 약이 될지언정 스님들에게는 독약이 될 것이다.

슬프다.

생사의 근본

황노직[1] 거사가 "선열禪悅을 깊이 추구하여 생사의 근본을 깨부수면, 근심하고 두렵고 음탕하고 성내는 마음이 발붙일 곳이 없어진다. 뿌리가 말라죽으면 가지는 저절로 마른다" 하였다.

옳은 말이다. 비록 생사의 근본이 어떤 것인지는 밝히지 않았지만, '선열'이라는 말 밑에 단 '깨부수면'이라는 말이 무엇보다 소중하다. 만일에 선열을 얻는 것만으로 만족하게 여긴다면 그저 안으로 고요함만을 지키고 있을 따름이니, 이것이 바로 '생사의 근본'인 것이다.

그러나 힘써 추구하여 환하게 제 본성을 보면 생사가 발붙일 곳이 없다. 생사도 발붙일 곳이 없거든, 근심과 두려움과 음탕함과 노함이 어디로부터 일어나랴!

선지식을 가까이해라

"죄인이 촛불을 갖고 있는데, 사람이 나쁘다고 하여 그 불빛마저 취하지 않아서는 안 된다"라는 말은, "그 사람이 나쁘다고 하여 그의 말까지 버려서는 안 된다"라고 한 공자의 말과 뜻이 같다.

이 말을 듣고 핑계 대기를 좋아하는 사람은 "스승은 구태여 어진 이를 구하지 않아도 된다. 다만 학식과 글 재주를 도와 줄 만한 이면 충분하다. 그가 부덕하더라도 내가 어찌 무턱대고 그대로 따르겠는가" 하면서 끝내 그를 의지하며 멀리하지 않는다.

난초는 아름다운 향기를 몸에 배게 하고, 생선은 비린내로 물들게 하는 줄 어찌 알지 못하는가.

「논어」에서는 "그 사람이 나쁘다고 하여 그의 말까지 버려서는 안 된다"고도 했으나, 또한 "의지하는 사람이 가까이할 만한 범위를 벗어나지 않아야만 역시 존경할 만하다" 하기도 하였다. 어찌 이 두 가지 말을 합하여 생각해 보지 않는가.

염불은 한결같이 해라

내가 예전에 선원에 있을 때의 일이다. 그 때 방장 스님이 대중에게 말하기를 "오늘은 백중날이니 우란분재[1]를 지내야 한다" 하였다. 나는 공양을 올릴 것으로 생각했으나, 조금 있다 보니, 공양은 올리지 않고 사흘 동안 오직 염불을 할 뿐이었다.

또 들으니, 예전에 한 원주가 관사에 구금당하자, 그를 구호하기 위해 그 절의 제일좌 스님이 대중을 모았는데, 대중은 모두 경전을 독송하리라고 생각했으나 그 스님 또한 큰소리로 염불만 하게 할 뿐이었다 한다.

이 두 가지 일은 일반적인 상식에서는 벗어나는 일이었으나, 큰스님이 생각하는 바가 있어서 그리 했다 싶은 것이 참으로 본받을 만하다고 생각되었다.

염불은 한결같이 닦아야 한다. 수명을 빌기 위해서 「약사경」을 외다가, 업장을 풀기 위해서는 '양황참梁皇懺'을 읽고, 액난을 면하기 위해서는 소재주消災呪를 외고, 지혜를 구하기 위해서는 「관음문」을 읽고는 하면서, 전에 하던 염불은 꽁꽁 묶어 높은 다락 속에 처박아 두고 아무 짝에도 쓸모없는 것처럼 여기는 일이 다반사이다.

부처님의 수명은 무량하신데 하물며 백 년의 수명이랴. 부처님을 생각하면 능히 80억 겁에 걸친 생사의 중죄를 면할 수 있는데, 더욱이 목전의 업장이나 액난이랴. 부처님은 "나는 지혜의 광명으로 널리 무량한 세계를 비춘다"고 말씀하셨는데, 하물며 사람들이 흔히 말하는 지혜 따위랴.

불사약이 만병을 다스리건만 마음의 변덕이 죽 끓듯하여 이를 믿고 따르는 사람이 없으니, 신성神聖의 교묘한 솜씨인들 이를 어찌하랴!

갖가지 법문

임금의 군사가 오랑캐를 토벌하려면 진을 치고 싸워 적을 무찌름으로써 승리를 거둘 수가 있다. 적을 무찌르는 데는 칼이나 큰 창을 쓰기도 하고 활이나 도끼, 심지어 막대기나 추, 돌 등 갖가지 무기를 사용하는데, 중요한 것은 어떤 무기를 쓰든 그 무기를 얼마나 능숙하게 다룰 줄 아는가 하는 것이다.

도를 닦는 일을 이것에 비유하면, 무명無明 혹장惑障[1]은 무찔러야 할 적들과 같고, 갖가지 법문은 칼이나 창 따위의 무기와 같으며, 혹장을 깨뜨려 없애는 것은 싸움에서 승리를 거두는 것과 같다. 그러니 어떤 무기를 사용하느냐 하는 것보다는 적을 무찔러 이기는 일이 더 중요하며, 적을 무찌르고 나면 큰일은 모두 끝나니, 적을 무찌르는 데에 쓴 갖가지 무기는 강을 건너는 뗏목에 지나지 않음을 알 수 있다.

근본이 되는 일에는 힘쓰지 않으면서, 칼로는 사람을 죽일 수가 있되 창으로는 죽이지 못한다고 경망하게 주장한다면 어찌 옳은 말이겠는가. 참선하는 사람이 염불하는 사람을 희롱하여 상相에 집착한다고 비웃거나, 염불하는 사람이 선정을 익히는 사람을 공空에 떨어졌다고 꾸짖는 것도 이와 같다 할 것이다.

그래서 경전에서는 "근원으로 돌아가면 길은 두 길이 아니나, 방편으로 삼는 문은 많이 있다" 하였고, 선덕은 "사람이 먼 길을 갈 적에, 그 곳에 도착하는 것을 목적으로 삼을 일이지 도중에서 굳이 쉽고 어려움을 따질 것은 아니다"라고 말씀하신 것이다.

151

집착

　사람들은 흔히 집착을 나쁜 것으로만 생각하고 있지만, 꼭 그런 것만은 아니다. 학문이란 좋아함으로써 성취되는 것인데, 좋아함의 극치가 곧 집착인 것이다. 예羿[1]는 활 쏘는 것에 집착하였고, 요遼[2]는 선술仙術에 집착하였으며, 연連[3]은 거문고에 집착하였다.

　바둑에 집착하는 이는 병풍이나 장막, 담, 창문 등이 모두 검고 흰 돌이 널려 있는 것같이 보이며, 독서에 집착하는 이는 산 중의 나무나 바위가 모두 검은 글자로 보이며, 말 그림을 배우는 이는 평상이나 침대에서 말이 금방 뛰쳐나올 듯이 여기는 지경에까지 이르기도 한다. 이쯤 되어야 그가 이룬 예술이나 학문이 천하를 울리고 후세에까지 명성이 남게 되는 것이다.

　도를 배우는 일도 예외가 아니다.

　참선하는 이라면 차를 마셔도 차인 줄 모르고 밥을 먹어도 밥인 줄 모르며, 걸어가도 걷는 줄 모르고 앉아 있어도 앉아 있는 줄 모르며, 서랍을 열었다가 문 닫는 것을 잊어버리며, 변소에 갔다가도 바지 추키는 것을 잊어버리는 지경에까지 이르러야 한다. 염불하는 이는 눈을 감든지 뜨든지 관觀하는 것이 늘 눈앞에 있어야 한다. 또 마음을 거두어 모으든지 흩든지 생각하는 것이 한결같은 경지에 이르러야, 마침내 들지 않아도 저절로 들리며 의심하지 않아도 저절로 의심하게 된다. 이 모두가 집착한 끝에야 이룰 수 있는 일이다.

　뜻이 지극하고 공력이 깊어지면 저도 모르는 사이에 문득 삼매에 들게 되니, 이는 마치 나무를 비벼 불을 일으키는 사람이 비비는 작업을 멈추지 않아야만 불꽃이 일어나며, 쇠를 단련하는 사람이 담금질을 쉬지 않아야만 강철을 만들 수 있는 것과 같다.

다만 집착함에 있어 유의할 점은, 만법이 모두 환幻과 같은 것인 줄 알지 못하고 이루려는 마음이 너무 급하거나, 일체가 모두 식識인 줄 알지 못하고 모양을 탐하는 마음이 깊은 경우로서, 이는 모두 도 닦는 일에 장애가 될 뿐이다.

그렇다고 해서 집착을 꺼려 느슨한 마음으로 마치 물이 바위를 뚫기를 기다리듯이 공부한다면 몇 겁을 지낸들 무슨 얻을 것이 있겠는가.

그러므로 깊이 고집하여 잊어버리지 못하는 집착은 갖지 말아야 하지만, 늘 간직하여 잊어버리지 않는 집착은 꼭 필요하다 하겠다.

일전어—轉語[1]

선덕이 학인에게 "나는 지금 그대가 닦고 있는 선정과 지혜와 신통과 변제는 묻지 않으련다. 다만 그대의 진실한 '한 마디 말〔일전어—轉語〕'을 내놓아 보라" 하시니, 학인이 이 말을 듣고 밤낮으로 이 '한 마디 말'만 공부하였다 한다.

참으로 잘못된 노릇이다. 이 '한 마디 말'이라는 것이 그렇게 존귀하고 기특한 것이라면, 결코 정식情識으로 헤아리거나 견해見解로써 따져 얻을 수 있는 것이 아님을 알 수 있으리니, '일전어'는 진실하게 크게 깨달은 가운데서 저절로 흘러나오는 것이다.

만일에 경전의 가르침이나 고인의 문답問答 기연機緣 가운데서 몇 푼어치 안 되는 총명함으로 모방하고 천착하여 입에 발린 소리로 지껄인다면, 어구의 참신함은 인정받을 수 있을지 모르지만 사실은 신발 위로 가려운 곳을 긁는 데 불과하니, 한 순간에 이 '한 마디 말'을 갠지스 강의 모래 수만큼 많이 하더라도 제게 무슨 이익이 있겠는가.

이제 이 '한 마디 말'이 옳고 옳지 않고를 상관하지 말고, 우선 이것들을 까마득한 저 먼 세계 밖으로 던져 버리고, 오로지 자신이 참구하는 화두만을 굳게 지키며 세밀하게 마음을 써서 한 순간도 놓치지 말라.

깨닫기만 한다면 어찌 말할 줄 모를까 염려하랴. 나는 비록 둔근鈍根이기는 하지만 감히 그대들에게 간절히 권하노라.

고준한 가풍

'고준한 가풍'으로 꼽을 만한 것으로는, 정명淨名[1]이 시현示現으로 병이 들자 아라한들이 모두 "저희는 그에게 병문안 가는 일을 감당하지 못하겠습니다"라고 한 일이나, 문수 보살도 "그분에게는 말로써 응대하기 어렵습니다"라고 한 일이다.

그 뒤로는 종문宗門의 대로大老들이, 어떤 때는 방망이로 때리기도 하고, 할喝 하기도 하고, 손가락을 들어 보이기도 하고, 또는 활을 쏘듯이 겨누기도 하며, 또 어떤 때는 일칙어一則語[2]를 하기도 하니, 이는 마치 나무 꼬챙이로 끓인 국과 같아서 도저히 맛볼 수도 없고, 태아검太阿劍[3]과 같아서 전혀 접근할 수도 없으며, 물 속의 달과 같아서 도저히 잡을 수도 없었다.

그러므로 오랫동안 선을 참구한 이가 아니면 도저히 그 문에 오를 수 없었다.

'고준한 가풍'이란 이런 것을 두고 하는 말이지, 어찌 높은 지위를 업고 위엄을 부리거나 소리를 내지르고 험상궂은 얼굴을 짓는 것을 이르는 말이겠는가!

일은 굳게 마음먹은 사람을 두려워한다

고봉[1] 화상은 자신이 깨닫게 된 경위를 이렇게 털어놓은 적이 있다.

"이렇게 기특한 일이 있는 줄을 믿지 않는구나. 일이란 결정심을, 곧 의심하지 않고 굳게 믿는 마음을 지닌 사람을 두려워하는 법이다."

이 말은 화상이 스스로 증명한 것인 만큼 진실하며 허구가 아니다. 도를 배우는 이들은 굳게 믿고 조금도 의심하지 말아야 한다.

결정심이란 어떤 것인가. 하나의 기술이나 기예만 해도 처음 배울 적에는 어려움을 감당하기 힘든 법이다. 그렇다고 해서 배우지 않고 포기하여 버리면 결코 공을 이루지 못한다. 그러므로 처음에는 의심하지 않는 '결정된 마음'을 갖는 것이 무엇보다 중요하다.

결정심은 가졌으나 우유부단하고 느슨한 경우에도 공을 이루지 못한다. 그 다음에는 용맹스러운 정진이 필요하다.

부지런히 정진한다 하더라도, 조그만 것을 얻은 일로 만족하거나, 세월이 지나 게을러지거나, 순경順境을 만나 미혹되거나, 역경逆境에 봉착하여 주저앉아 버린다면 또한 공을 이루지 못한다. 그러므로 그 다음에는 한결같은 서원과 물러서지 않는 마음이 필요하다.

고봉 화상은 일생을 바쳐 어리석다는 말을 들을 만큼 이 일착자一着子, 곧 본래 면목을 분명히 보기만을 위해 애썼다. 그야말로 진정한 유심有心장부가 아니겠는가! 옛 사람은 "삼매를 이루지 못하면 살이 터지고 뼈가 부러지더라도 쉬지 않으리라" 하고, 또 "도가 설두雪竇만 못하면 다시는 이 산에 오르지 않으리!" 하고, 또 "의심 덩어리를 깨뜨리지 않으면 서원하건대 쉬지 않으리!" 하였다.

이와 같은 결정심이 있으면 어떤 일인들 이루지 못하랴. 나는 매우 부끄러워서 힘쓰지 않을 수 없구나!

방참반

월越 지방에서는 안거 중에 밤에 지어 먹는 밥을 두고 '방참반放參飯'이라 하는데, 분에 넘치게 사치하여 웬만한 한낮의 공양보다 성찬이다. 더구나 이런 일들이 이제는 어엿한 관습이 된 지 오래라고 한다. 옛날 어떤 노숙老宿은 옆방의 어느 스님이 오후에 밥을 지어먹는 것을 보고는 자기도 모르게 눈물을 흘리며 불법이 쇠퇴해 가는 것을 슬퍼하였다 한다. 스님은 한낮을 지나서는 음식을 먹는 것도 금지되어 있는데, 더욱이 밤중에 음식을 먹는 일이랴!

계율에 "사람이 발우 소리를 내면 아귀의 목구멍에서 불이 난다" 하였다. 인적이 고요한 깊은 밤에 도마 소리나 그릇 소리를 내면 이 소리가 그들의 귀를 때릴 것이요, 또한 음식을 굽고 지지면 이 냄새가 그들의 코를 자극할 것이다. 이처럼 부처님의 자비의 가르침을 잊어버리고 뱃속의 욕심만 채우려는 짓이 과연 마음에 편한 일인가.

어떤 이는 "한밤중에 배가 고플 경우에는 어떻게 합니까?" 하고 묻는다. 그럴 때는 과일이나 떡 같은 것을 먹어 부엌일을 번거롭게 하지 않는 것이 좋을 것이다.

오후불식계午後不食戒를 지키는 사람은 오후부터 날이 샐 때까지 과일 한 쪽도 입에 넣지 않는다. 우리는 그래도 저녁에 약석藥石[1]이라도 먹고 있지 않은가. 그러면서도 만족할 줄 모른다면 너무 지나치지 않은가.

마음과 담膽

'담은 크게, 마음은 작게'라는 말이 있다. 담이 크다고 함은 과감하게 일을 처리하는 것을 말하고, 마음이 작다고 함은 일을 자세히 헤아려 처리하는 것을 말한다. 과감하게 일을 처리함으로써 천만 명 사람 속으로 달려 나아갈 수 있고, 자세히 헤아림으로써 일이 닥치면 삼가 모의를 신중히 하여 일을 성취하니, 이야말로 정론이라 할 것이다.

그러나 스님의 경우에는 이와 상반된다. 나는 '마음은 크게, 담은 작게'라고 말하고 싶다. 마음이 크니 시방 세계를 옹호하고 일체 중생을 떠맡아 널리 제도하며, 담이 작으니 3천의 위의威儀와 8만의 세행細行까지도 지키면서 소홀하게 행동하지 않는다. 요즘은 초학으로서 조금 총명한 이는 가까이는 주위의 선배들을 무시하고 멀리는 선사先師들까지도 가볍게 여기며, 청규를 우습게 여기고 정토를 얕보니, 실로 담은 크다 하겠으나 사실은 오직 자기만 있는 줄 알고 다른 사람 있는 줄은 알지 못한 것이다. 그 보잘것없는 피와 살로 된 육신만 보양하고 아낄 줄 알지, 그 광대한 법계량法界量은 회복하고 충만하게 할 줄 모르니, 마음은 작다 하겠다.

어떤 이는 "황벽[1] 선사는 '추행 사문麤行沙門'[2]이라고 불렸으니, 담이 큰 것을 말한 것이 아니겠습니까?"한다.

아, 그럼에 서툰 사람이 호랑이를 그리려 하나 호랑이는 그리지 못하고 겨우 개만 그렸을 뿐이다! 그대가 말한 '담이 크다'는 것이 '추행 사문'은 되지 못하고 '무뢰한 중'이 되고 말까 두렵다. 어찌 신중히 하지 않을 수 있겠는가.

중봉中峯 화상의 말씀

천목 중봉[1] 화상이 대중에게 말했다.

"너희가 능력이 출중하지 않으면, 반 칸 초옥에 몸을 깃들여 누더기 한 벌로 밥을 빌면서 남의 밭 곡식을 해치는 짓을 면하는 것이 더 낫다."

참으로 지극한 말씀이다.

요즘의 출가자들은 흔히 유위有爲 공덕을 짓느라고 일생을 분주히 보내면서 자신의 근본 문제인 생사의 대사大事는 밀쳐 두고 본 체도 하지 않으니, 이 얼마나 잘못된 일인가.

어떤 이는 "누구 할 것 없이 모두 근본 문제에만 매달린다면, 불상은 파손되고 법당은 무너지며 스님들은 길거리에서 배를 주리며 떠돌지 않겠습니까?" 한다. 그것은 그렇지 않다. 만일 자신의 역량이 크다면 이판과 사판의 일을 다 아우를 수도 있을 것이다. 고인의 이 말씀은, 그러나, 우리같이 역량이 없는 사람에게 먼저 해야 할 일을 가르치신 것이다. 첫째로, 생사의 큰일을 밝히지 못한 것을 부모의 상을 당한 듯이 애통하게 여긴다면 그렇게 할 겨를이 없을 것이요, 둘째로, 철저하게 깨닫지 못했으면 인과가 착오가 있으니, 소위 "유위 공덕은 많은 허물이 있어서 천당에 가기전에 먼저 지옥에 떨어진다" 한 것과 같이, 감히 할 수가 없는 것이다.

중봉 화상은 또 "일심一心이 근본이요 만행萬行은 그 다음이다" 하였으니, 참으로 지극한 말씀이다.

아득하다, 고풍이여! 우두[2] 선사에게 새가 꽃을 물어 와 떨어뜨린 일이며, 마조 대사가 전법원傳法院에서 하신 일[3]을 다시는 볼 수 없구나!

슬프다!

160

시주물은 삭이기 어렵다

등활거鄧豁渠 선사가 자신을 책망하며 "출가한 것은 나 자신의 일인데 온 세상의 시주에게 폐를 끼치고 있으니 보답할 길이 없구나!" 하고 한탄하였다. 참으로 진실하다, 이 말씀이여!

스님이 자신의 생사를 위하는 것은 선비가 자신의 과명科名을 위하는 것과 같은 일로서, 자신의 과명을 위하여 이웃이나 친척들에게 물품을 공급받는 폐를 끼치고 있는 것이다.

그런데 명성을 이루면 족히 이들의 은혜에 보답할 수 있으나 명성을 얻지 못하면 은혜를 저버리게 된다. 이러한 뜻을 알지 못하고 시주물이 넉넉하지 못한 것만을 탓한다면, 이러한 몰염치를 무엇으로 설명할 것인가.

시끄러운 것을 싫어하고 고요한 것을 찾다

홀로 고요히 조그만 방 안에 앉아서, 조그만 인기척이라도 들리면 수행에 장애가 된다고 짜증을 내는 수행자가 있었다. 그렇다면 사람의 소리는 멈출 수 있겠으나 뜰에서 지저귀는 새소리는 어떻게 할 것이며, 새는 또 쫓을 수 있겠으나 숲에서 울부짖는 짐승들은 어떻게 할 것이며, 짐승은 또 포수를 시켜서 잡게 한다 하더라도 바람 소리, 물소리, 천둥소리, 빗소리는 또 어떻게 할 것인가.

그래서 옛 사람은 "어리석은 사람은 경계를 없애고 마음은 없애지 않으며, 지혜로운 사람은 마음을 없애고 경계는 없애지 않는다" 하신 것이다.

경계를 없애려고 했으나 끝내 없앨 수 없으면 도道도 끝내 배울 수 없다.

어떤 이는 "부처님께서는 오백 대의 수레가 지나가는 소리도 듣지 못하셨다 합니다. 이것은 정定 중의 일이니 범부로서는 가능한 일이 아닙니다" 한다. 고봉[1]은 독서할 적에 소나기에 보리 섬이 떠내려가는 것도 알지 못했다 하였다. 그렇다면 이 때 고봉은 어떤 정에 들었다는 것인가.

뜻이 견고하지 않은 것을 탓하지 않고 도리어 경계가 고요하지 않은 것만을 꺼리니, 아주 잘못된 생각이다.

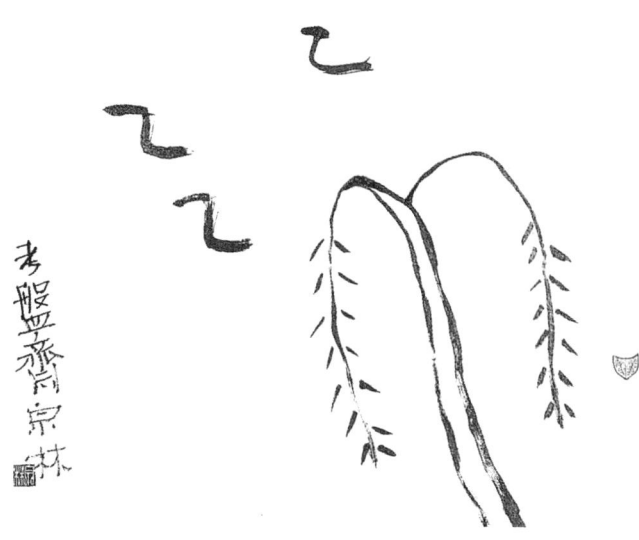

참구염불參究念佛

명나라 때에 공곡[1], 천기[2], 독봉[3] 세 큰스님이 염불에 대하여 논한 적이 있었다. 천기와 독봉 두 스님은 사람들에게 "염불하는 이가 누구인가" 하고 관觀하기를 가르쳤고, 공곡 스님만은 "그저 염불만 하여도 깨달을 길이 있다"고 가르쳤다. 이 두 가지 가르침은 저마다 근기에 따른 것이니 모두 옳다 하겠다.

그러나 공곡이 "그저 염불만 하는 것도 무방하다"라고만 말하고, "참구하는 것은 잘못된 것이다"라고 말하지 않은 것에 대하여, 내가 「미타경彌陀經」의 소초疏鈔에서 이미 밝힌 적이 있거니와, 아직까지 이 점에 대하여 의심을 품는 사람이 있는 듯하다. 그들은 "참구는 견성을 위주로 하고 염불만 하는 것은 왕생을 바라서이다" 하면서, 참구를 버리고 염불에만 힘쓰려고 하며, "경전에도 부처님의 명호를 굳게 지녀 의지하라고 하였을뿐, 참구해야 한다는 말씀은 없지 않은가" 하고 묻기도 하였다.

그 말도 일리가 있다. 이를 의지하여 수행하면 틀림없이 왕생할 수 있다. 다만 이것만 품고 저것은 버리는 것은 옳지 않다. 왜냐하면 염불인의 견성은 바로 상품상생上品上生의 일이니, 참구한다고 하여 왕생하지 못할까 염려할 것은 없다.

그래서 내가 소초에서 둘 다 인정하면서 선택에 맡긴 것이니 의심하지 말기를 바란다.

만약 '염불하는 이가 누구인지'를 관하라는 말을 염불하는 사람을 추구하라는 뜻으로 여긴다면, 이것은 사람을 그르치게 되니 한량없는 죄를 짓는 것이다.

염불은 참선에 방애가 되지 않는다

고인은 "참선은 염불에 방애되지 않고 염불은 참선에 방애되지 않는다" 하기도 하고, 또는 "서로 겸해서는 안 된다" 하기도 하였다. 그러나 선과 정토를 겸한 사람도 있었다. 예컨대 원조 본[1], 진헐 료[2], 영명 수[3], 황룡 신[4], 자수 심[5] 같은 이는 모두 선문의 대종장으로서, 마음을 정토에 두면서도 선에는 아무런 장애를 받지 않았던 분들이다.

그런 예에서 알 수 있듯, 참선하는 사람이 생각마다 자기의 본심을 참구하면서 목숨이 다할 때 극락에 왕생하기를 발원하는 것은 아무런 방애가 되지 않는다.

그 까닭은 무엇일까. 과보로 태어난 몸이 다한 뒤에는 다시 어디에선가 태어나기 마련이다. 그런데, 부처님이 계신 상적광토常寂光土[6]와 같은 곳에 태어나거나 또는 아라한처럼 후세에 다시 태어나는 과보를 받지 않는 경우가 아니라면, 참선하여 비록 깨달음을 얻었다 하더라도, 인간 세상에 태어나 훌륭한 스승을 만나는 것보다는, 연화 세계에 태어나 아미타 부처님을 가까이하는 것이 차라리 낫지 않겠는가.

그렇다면 염불이 참선에 방애가 되기는커녕 실제로는 참선에 도움이 된다 할 것이다.

백법사의 어느 스님

가정嘉靖 때에 오산吳山 백법사百法寺에 스님 한 분이 머물고 있었다. 그는 신도의 시주를 구하지 않고, 제자 한 사람이 약초를 캐어 팔아서 대는 양식으로 살아가고 있었는데, 제자가 하루 한 끼씩 채소 두어 닢과 죽 냄비를 디밀어 넣어 주면 방에 앉아 종일 말이 없었다.

염불 모임의 신도들이 그를 찾아뵙고 법문을 청하니, 그는 손을 내저으며 "그저 조용히 앉아 있고 싶으니 말을 시키지 마시오" 할 뿐이었다. 신도들이 머뭇거리다가 돌아서면서 떡과 과일을 드렸으나, 그마저 거절하고 받지 않으면서 "다행히 죽이라도 먹으면서 허기를 면하고 있는데, 이런 물건들이 뱃속에 들어가서 더욱 보채면 어찌하리오" 하였다.

그 때에 그가 어떤 도를 닦고 있는지는 밝혀 보지 못했으나, 검소하고 소탈하여 세상 인연에 물들지 않은 점은 요즘 찾아보기 어려운 데에다, 나도 그에게 미칠 수 없으므로 이를 기록해 두는 바이다.

166

마음이 곧 부처

마조 대사가 "마음이 곧 부처이다" 하니, 대매[1] 화상이 그 뜻을 깊이 깨
닫고 의심 없이 산에 머물렀다.

그 뒤에 마조 대사가 다시 "마음도 아니요 부처도 아니다" 하는 법을 설
한다는 말을 듣고, 대매는 "그 늙은이가 마음대로 '마음도 아니요 부처도
아니다' 하고 말하게 내버려 두려무나. 나는 여전히 마음이 곧 부처일 뿐
이야" 하였다. 그러자 마조가 "매실이 잘 익었구나!" 하고 인가하니, 사람
들이 대매가 깊은 깨달음을 얻었음을 찬탄하였다.

그러나 여기에 두 가지 뜻이 있을 수 있으므로 이에 대해 부득이 밝혀
두어야겠다.

바로 근본에 계합하여 한 번 믿으면 영원히 믿어 다시는 여러 가지 번
잡한 이름이나 모양에 흔들림이 없는 경지를 '매실이 잘 익은 것'이라고
할 수 있다.

그러나 만약 자기의 선입견을 주장하여 글귀 속에 집착해서 끝내 삶을
지고 금을 버리고 만다면, 이런 것은 익었으되 썩어 곤 상태인 것이지 성
숙한 상태인 것은 아니다. 「법화경」에서 5천 대중이 자리를 떠난 적이 있
거니와, 고인이 이들을 '삶은 싹, 썩은 종자'라 했으니, 바로 이를 가리킨
것이다.

참선

  스님들은 흔히 "의심이 작으면 깨달음도 작고, 의심이 크면 깨달음도 크며, 의심이 없으면 깨달음도 없다"라고 말한다. 의심한다는 것은 참구參究하는 것, 곧 참선參禪하여 진리를 구명究明하는 일을 말한다.

  그런데 참선이라는 말은 어디에서 비롯된 것일까.

  어떤 이는 경전에는 이런 말이 없다고 하였으나, 내가 보기에는 분명히 있다.「능엄경」에 "반드시 이 가운데서 미묘하고 밝은 참된 마음을 정밀히 연구하라(當在此中, 精硏妙明)" 하였고, 또한 "안팎으로 연구하라(內外硏究)"거나 "깊이 연구하라(硏究深遠)"거나 "정밀히 연구하라(硏究精極)"는 등의 말씀이 있으니, 이것이 바로 참구의 의미가 아니고 무엇인가. 그 뒤로 존숙들이 사람들에게 공안[1]을 간看할 것을 가르치면서 의정疑情을 일으키게 하였으니, 이것들이 모두 여기에서 비롯되었던 것이다.

  그러나 이에 관해서 가장 자세히 말씀하신 분으로 아호 대의鵝湖大義[2]만한 이가 없다. 선사는 이렇게 말씀하셨다.

  "만약 고요히 앉아 있기만 하고 공을 들이지 않으면 언제 마음이 공空하여 급제할 수 있으랴."

  "바로 취모리吹毛利를 꺼내 들고 달마가 서쪽에서 온 제일의第一義를 베어 버려라!"

  "어리석은 듯 묵묵하기만 하면 그대는 아직 공부를 지어 갈 줄 모르는 것이다."

  "눈을 부릅뜨고 눈썹을 곤추세워 '이 뭣고!' 하고 간하라."

  이와 같은 선사의 말씀은 참선하는 사람이라면 반드시 가슴에 깊이 새겨 두어야 한다.

그러나 만일에 어구語句들을 추측하고 천착하거나 정식情識으로써 생
각하고 헤아린다면, 이른바 '공을 들여라!' 한 것이라든지, '베어 버려
라!' 또는 '반복하여 이를 간하라!' 하신 의미를 잘못 알고 있는 것이다.
그렇게 하면 고요히 앉아 묵묵한 것과 겉보기는 다를지 모르나 병통인 것
은 마찬가지이다. 부득이 이 점을 밝혀 두는 바이다.

아랫사람을 불쌍히 여기다

「주씨기周氏記」에 이런 대목이 있다.

"당일암¹ 선생이 어느 날 벗들과 밤늦도록 잔치를 벌이고 놀다가 잠자리에 들 무렵이 되자 '더 필요한 것이 없습니까?' 하고 벗들에게 물었다. 모두 만족해하자 '오늘은 몹시 추운 날씨로군요. 우리는 매우 즐겁게 놀았으나 심부름하는 사람들은 아직까지 잠자리에 들지 못하고 있습니다' 하니, 벗들이 부끄러워하였다. 왜냐하면 이 때 모두들 하품을 하면서 제 잠잘 생각만을 하고 있었으나, 일암 선생만이 벗들이 미처 생각하지 못한 일을 염려해 주었기 때문이다."

참으로 어진 말씀이요, 불보살 같은 자비심이다.

이 글을 읽고 생각해 보니, 출가한 스님네가 승당에서 편안히 지내면서 만사를 나 몰라라 하고 열 손가락에 물 한 방울 묻히지 않고 있으니, 잠자리에 들 때에 후원의 보살이나 행자들은 편히 쉴 틈이 없는 것을 생각해 본 적이나 있을 것이며, 또한 그들이 고된 일에 시달리면서 한시도 편히 쉬지 못하는 것은 무엇 때문인지를 생각해 본 적이 있겠는가. 그들이 편히 쉴 틈이 없는 것은 바로 대중 스님들의 수행을 도와 주기 위함이었다.

옛 사람은 "도업道業을 이루지 못하면 어찌 은혜를 갚을 수 있으랴!" 했건만, 참으로 한심한 노릇이다.

보살

여래께서 소승을 꾸짖고 대승을 찬탄하셨으니, 보살도는 반드시 행해져야 하리라. 그러나 근본을 살피지 못하고 글귀에만 머물러 있다면 그것은 크게 잘못된 일이다.

저보다 먼저 다른 이를 제도하는 사람이 보살이라고 하여 자신의 일은 밝히지 못했으면서 남의 스승이 되기를 좋아하거나, 육도六度 만행萬行을 겸비한 사람이 보살이라고 하여 오직 유위사有爲事에만 힘쓰고 자신의 심지 공부心地工夫는 내팽개치고 있지는 않은가. 또한 악명포惡名怖와 대중위덕포大衆威德怖[1]가 없어서 어떠한 경우에도 태연하고 자연스러운 사람이 보살이라고 하여, 내 허물을 듣고도 고치려 하지 않으면서 세상을 경시하고 다른 사람을 업신여기고 있지는 않은가.

살생하는 이에게는 자비를 가르치고, 도적질하는 자에게는 보시를 이야기하며, 거짓말하는 이에게는 성실한 말을 하도록 하는 등, 갖가지 방편을 써서 중생을 교화하고 일정한 틀에 얽매이지 않는 사람이 보살이라고 하여, 이를 핑계하여 남에게 해를 입히거나 빼앗고 속이며, 심지어 부처님의 율의를 파괴하고 인과를 부정하여, 이른바 "술 마시고 고기 먹는 것이 보리에 아무런 장애가 되지 않으며, 도적질하고 음행하는 것이 반야에 아무런 방애가 되지 않는다"고 하고 있지는 않은가.

이것은 문자에만 머물었을 뿐 근본을 잃어버린 것으로, 마치 유하혜柳下惠[2]를 깊이 배우지 않고 한단邯鄲에서 걸음걸이를 배우려는 격[3]이니, 대도를 이루지 못하고 업과業果만 먼저 쌓는 사람이라 할 만하다.

조심하고 또 조심하라.

제 소견에만 집착하지 마라

이치를 분석할 적에는 엄하게 따지지 않을 수 없고, 도를 닦을 때는 자신의 수행법을 힘써 행하지 않을 수 없다. 그러나 제 소견이나 방식만을 옳다고 고집하고 다른 이의 것은 그르다 여기는 것은 올바른 생각이 아니다. 이런 폐단은 그 옛날부터 있어 왔던 것이지만, 요즘에는 더욱 심하다.

천태 일가一家만을 고집하는 사람은 천태말고는 아무도 옳게 여기지 않으며, 간편한 것을 고집하는 사람은 천태는 지루하고 옹졸하여 부처님의 본디 뜻과는 거리가 멀다고 비방한다.

이성理性에만 집착하는 사람은 이름이나 모양에 집착한다고 염불을 꾸짖으며, 정업淨業에 매달리는 사람은 염불하지 않는 사람을 외도라고 매도하며, 방산方山[1]만을 고집하는 사람은 청량淸凉[2]이 경전 전체를 너무 쪼개어 놓았다고 비방한다. 또 주력呪力만을 고집하여 믿는 사람은 현교顯敎[3]는 후인의 입에서 나온 것이라고 의심한다.

이 같은 일은 일일이 다 헤아릴 수 없다.

서로 물과 불과 같이 모순되고 서로 버티어 굴복하지 않으며, 자기의 것만을 굳게 지켜 도무지 뜻을 바꿀 생각을 하지 않으니, 내가 이를 깊이 개탄하는 바이다.

어진 사람들에게 삼가 권하노니, 어찌 저마다 고집을 버리고 자신의 마음을 비우지 못하는가. 먼저 스스로 지극한 이치를 연구하여 깨닫는 일을 목표로 삼으라. 다른 문제들은 크게 깨달은 뒤에 천천히 의논하여도 늦지 않다.

자신의 공부를 마친 뒤에 남을 위하다

옛 사람은 크게 깨침으로써 공부를 마친 뒤에는, 물가나 나무 아래에서 고요히 성태聖胎를 기르면서 입가에 곰팡이가 피는 것을 두려워하지 않았다. 그러다가 용천龍天이 떠밀어야만 비로소 다른 사람을 위하여 법을 폈으며, 또는 법석을 끝내 사양하여 세세생생에 수행 공부에 머무르면서 스스로 단련하기만을 바라는 사람도 있었다.

나도 처음 출가했을 때는 이 말을 독실하게 믿어 가슴에 새겼는데, 나중에 병이 들어 산에 들어온 뒤로 생각지도 않게 차츰 총림을 이루게 되었다. 그래서 지금은 감히 방장方丈의 자리에 있으면서 입을 크게 벌려 함부로 종승宗乘을 말하고 있으나, 대중과 함께 정업淨業을 닦자는 뜻이었지 결코 대중을 거느리고 도를 펴려 한 것은 아니었다. 그저 한 살이라도 나이를 더 먹었으니 서로 격려하고 권하고자 했을 따름이다.

모든 어진 이들은 벗의 도리로써 나를 대하여, 착한 일을 하도록 이끌어 주기를 바라노라.

스님은 마땅히 검소하고 절약해야 한다

장자소張子韶[1]는 장가들기 전부터 장원 급제하여 높은 지위에 오른 뒤에까지 남루한 옷과 거친 음식을 먹었으며, 진기한 노리개 따위도 갖지 않았다. 붓도 끝이 닳아 몽땅한 것을 사용하곤 하였다. 또 호극인胡克仁[2]은 관리로 지내면서 한평생 채식을 하고 종이로 된 장막 속에서 잠을 잤다. 이들은 재상의 몸으로 비구의 행을 실천하며 살았거든, 하물며 비구의 신분임에랴.

부처님 법에, 두타 비구는 걸식하여 먹고, 헌옷을 기워 입으며, 무덤 곁이나 나무 아래에서 자게 하였다. 그러나 지금 대중들은 신도의 공양을 받아 옷과 음식이 풍부하고 따뜻한 처소에서 지내면서도, 더 맛있고 화려한 것을 요구한다. 이것이 무슨 심사인지 알 수가 없다.

발우를 네 번 꿰매 쓰고, 신 한 켤레를 30년 동안 신었다는 옛 큰스님의 풍습이 사라지려 하도다.

내가 이를 부끄러워하며 나 자신을 꾸짖고, 아울러 동려同侶들에게도 아뢰는 바이다.

스님이 부모에게 절하다

부처님 법에는 "출가 사문은 부모에게 절해서는 안 된다" 하였으나, 왕법王法에는 "스님이나 도사라도 부모에게 절해야 한다" 하였다.

이에 대해 어떤 이가 "부처님의 법을 따르면 왕법을 어기게 되고, 왕법을 지키면 부처님의 법을 저버리게 됩니다. 어떻게 하는 것이 좋겠습니까?" 하고 물었다.

내가 대답하였다.

"어려울 것 없다. 병행하면서도 어기지 않을 방법이 있다. 스님은 부모님을 뵈면 반드시 절을 하면서 '이 분은 내 부모님이시니 부처님과 같은 분이다' 하고, 부모는 자식의 절을 받으면 피해 버리는 것도 한 방법일 것이요. 아니면 답례하면서 '이 사람은 부처님의 제자이지 내 자식이 아니다' 하고 생각하면, 양자가 모두 그 도리를 다하는 것이 되지 않겠는가."

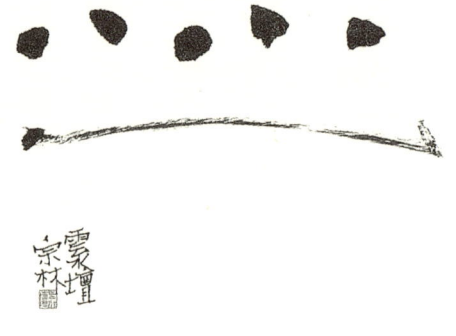

팔순의 행각

고인의 게송에 이런 것이 있다

조주 노인은 여든에도 행각했으나
마음은 여전히 편치 못했네.
집에 돌아와 아무 일도 없고서야
짚신 값만 허비한 줄 비로소 알았네.
趙州八十猶行脚
祇爲心頭未悄然
及至歸家無一事
始知虛費草鞋錢

그런데 요즘 사람들은 앞의 두 구절은 생각하지 않고 마지막 구절에만
집착하여, "도는 바로 눈앞에 있으니 행각은 수고로운 일일 뿐이다" 한다.
그리고 현사玄沙 선사가 "달마는 동토東土[1]로 오지 않았고 이조二祖는 서
천西天[2]으로 가지 않았다"라고 한 말을 들먹이며 우기려 한다.

아, 깊이 자신을 돌아보라. 그대, 이미 집에 돌아왔는가. 그리고 공부를
끝내고 아무 일도 없어졌는가. 만약 아직 도중에 머물러 있거나 아직도
일이 번다하다면 나이 여든이라고 어찌 행각을 멈추랴. 백 살, 천 살, 만
살이 될지라도 짚신을 많이 사 짊어지고 천하를 도는 발길을 멈추지 않아
야 한다.

함부로 고인의 기연機緣을 거론하다 1

운서사의 청규에 "함부로 고인의 기연 어구機緣語句[1]를 거론하는 자는 같이 살지 못한다"는 대목이 있다.

이에 대하여 어떤 스님이 따져 물었다.

"이것은 금할 수 없습니다. 이것을 금하면 반야와의 인연은 끊어지고 맙니다. 「법화경」을 비방한 사람도 지옥의 벌을 다 받고 난 뒤에, 그 비방한 인연으로 도리어 「법화경」과 인연을 맺게 되었습니다. 더욱이 함부로 말하는 것이 곧 비방하는 것은 아니지 않습니까."

"말인즉 그럴싸하다. 그러나 하나만 알았지 둘은 알지 못하였다. 「법화경」을 비방한 사람이 지옥에서 나온 뒤에 좋은 인연을 맺게 된 것과, 「법화경」을 믿고 공경한 사람이 지옥에 들어가지 않고 바로 좋은 인연을 맺는 것 중에 어떤 것이 더 낫다고 생각하는가.

또 함부로 거론하는 것은 비방이 아니라고 하였으나, 이것은 알지 못하고 억측으로 하는 말도 모두 대반야를 비방하는 일인 줄 알지 못한 탓이다.

스승의 말에 대하여 함부로 거론한 사람이 스승에게서 점검을 받은 뒤에 "선사께서는 이런 말을 한 적이 없다. 선사를 비방하지 말라" 했으니, 이것은 스승을 존경한 것이었지 비방이 아니었다. 또 일전어一轉語를 잘못 대답한 사람이 죽어 여우의 몸을 받은 사실도 있는데, 이 또한 한때의 잘못이었지 비방은 아니었다. 그러나 이 두 사람이 어찌 죄를 지은 것이 아니겠는가.

고인의 일문일답은 모두 진실하게 깨달은 가운데서 나온 것이다. 그러나 요즘 사람들은 구두 삼매口頭三昧로 마음이 치달리고 있는데, 눈 밝은 사람 앞에서는 이런 것들이 마치 수은을 활활 타는 화로 속에 집어넣은 듯할 것이니, 요괴가 광명을 만난 것과 같아서 전혀 피할 길이 없다.

　이런 짓들을 그만두지 않은 채, 이 곳에서는 주먹을 들어 보이고 저 곳에서는 할喝을 하며, 어떤 때는 게偈를 짓고 어떤 때는 송頌을 설하여, 미친 듯이 조롱하듯이 텅 빈 머리만 굴릴 뿐 실천이 따르지 않는다면, 그대는 이것을 종문을 부흥시킨다고 생각할지 모르나, 나는 불법을 크게 망칠 장본이라고 생각한다."

함부로 고인의 기연機緣을 거론하다 2

이 스님이 불쾌해하며 "그것은 그렇다 합시다. 그러나 고인의 기연 어구에 대하여 한번쯤 입을 열어 평가하거나 비판할 수는 있지 않겠습니까!" 하였다.

"함부로 거론하는 것을 금한 것이지 전혀 거론하지 못하게 한 것은 아니다. 법안[1] 화상이 손가락으로 발(簾)을 가리키자 두 스님이 동시에 일어나 발을 걷었다. 그러자 화상이 '한 사람은 얻었고 한 사람은 잃었다' 하였다. 그대는 평가해 보라. 누가 얻었고 누가 잃었는가!"

이 스님이 말이 없었다.

고인은 "열 번 스승의 물음을 받고 아홉 번 대답하지 못했다 하여 잘못된 것은 없다. 다만 알지 못하고 함부로 지껄여 영영 도에 나아가지 못할까 두려울 뿐이다"라고 말씀하셨다.

신중히 생각해야 할 일이다.

사리에 맞지 않는 시주를 받다

운서사[1]의 청규에 "사리에 맞지 않는 시주를 받는 자는 함께 살지 못한다"는 대목이 있다. 이를 두고 한 스님이 따졌다.

"사리에 맞지 않는 시주라 하더라도, 그것을 금하면 중생의 복전福田을 뺏는 셈이 되고 맙니다. 사리에 어긋나는 권선은 비록 권선하는 사람에게는 허물이 될지 모르나 중생에게는 욕심을 버리고 재물을 보시하는 복을 짓게 합니다. 세속의 승려들이 부처님의 이름을 빌려 삶을 꾸려 가고 있으나, 부처님이 이런 사람들 때문에 무조건 이를 금하신 적이 있었습니까."

"그대의 말도 옳기는 하다. 그러나 하나는 알고 둘은 알지 못하였다. 사리에 어긋나는 권선은 원인과 결과가 모두 불순하니, 보시하는 사람이 이것을 알게 되면 이것 때문에 마음이 멀어지고 무너져 내려서 그 뒤로는 영영 보시할 마음을 내지 않을 터인데, 어떻게 욕심을 버리게 하겠는가.

부처님 당시의 일이다. 어떤 제자가 먼 곳에서 부처님께로 돌아오고 있는데, 지나는 마을마다 모두 자기를 보기만 하면 대문을 닫아 버리는 것이었다. 이 스님이 이상하게 생각하여 그 까닭을 물으니, 스님들에게 시주하는 일이 부담이 가기 때문이라는 것이다. 돌아와서 이 사실을 부처님께 아뢰니 부처님이 갖가지로 허물을 들어서 꾸짖으셨다. 어찌 이것을 금하지 않았다고 하는가? 신중히 생각해야 할 일이다."

직언直言

앞에서 말한 스님들은 사리에 맞지 않는 시주 받기를 금지하고, 고인의 기연 어구를 함부로 거론하지 못하게 하는 두 가지 금지 조항을 없애려 하다가, 내가 허락하지 않자 마침내 이 곳을 떠나고 말았다.

또 한 스님이 말하였다

"운서사의 청규는 보름마다 대중의 허물을 직언해야 하며, 또는 허물을 보면 바로 직언하도록 하였습니다. 그러나 이것은 오히려 대중이 서로 화합하지 못하는 빌미가 될 뿐입니다. 직언하는 청규를 없애는 것이 오히려 제대로 직언할 수 있는 방법이라고 생각됩니다."

내가 말하였다.

"그대는 승려가 아닌가. 승려라면 당연히 부처님의 법을 따라야 한다. 부처님 법에 90일 동안 여름 안거를 하고 안거의 마지막 날을 '스님들의 자자일'[1], '부처님이 기뻐하시는 날'이라 하여, 스스럼없이 스님들이 대중의 허물을 드러내어 숨기는 일이 없게 하였으니, 이것을 '자자自恣'라고 한다. 운서사에서 보름마다 직언을 하게 한 것은 이것에 근거를 둔 것이다. 부처님도 기뻐하셨거든, 그대만이 기뻐하지 않으니 어찌 옳은 일이 겠는가.

또 율장에도 나와 있으니, 어떤 스님이 잘못을 저질렀는데 곁에 있던 스님이 이 사실을 부처님께 아뢰었다. 부처님께서는 이 허물 있는 스님을 불러 갖가지로 나무라셨다. 이 일로 다른 이의 잘못을 보면 곧바로 직언할 것을 계율로 제정하였다. 운서사의 직언에 관한 청규도 이것에 근거를 둔 것이다. 부처님께서도 다른 이의 허물을 드러내어 말하는 것을 용납하셨거든, 그대만이 용납할 수 없다고 하니 어찌 옳은 일이겠는가.

세간법에도 "임금에게는 임금의 잘못을 직간하는 신하가, 어버이에게는 어버이의 잘못을 직간하는 자식이, 선비에게는 그의 잘못을 직간하는 벗이 있어야 한다" 하였다. 그러므로 "흥왕興王은 직간하는 신하에게 상을 내리고 성주聖主는 비방하는 인재를 등용한다" 한 것이다.

공자는 자신의 허물을 일러 주는 것을 다행으로 여겼고, 그 제자인 자로는 자신의 허물을 말해 주는 것을 듣고 기뻐하였다. 하물며 스님이 되어 출세간법을 닦는 이들이 벗을 의지하여 덕을 이루지 않을 일이랴.

그대가 직언하는 것을 싫어하면 아첨하고 간사한 사람들이 가까이할 것이니, 그들로 말미암아 충간忠諫을 물리치고 거짓을 부르며, 덕을 헐고 선업을 해치게 하여 마침내 손실을 적지 않이 입게 될 것이다.

참으로 신중히 생각해야 할 일이다."

산에 머물다

고인이 "크게 숨는 것은 시중에 거처하는 것이요, 작게 숨는 것은 산 속에 거주하는 것이다" 하시니, 이 말을 핑계로 삼아 티끌과 세속에 골몰하기를 주저하지 않는 사람이 있다.

그러나 시중에 거주한다는 것은 세속에 살되 물들지 않으며 시끄러운 가운데서도 고요함을 지킨다는 뜻이니, 도가 높은 사람이라면 그럴 수도 있겠으나 초심인인 경우에는 쉬운 일이 아님을 왜 모를까.

어떤 이가 "영가 대사는 '도를 얻기 전에 먼저 산에 살게 되면 산만 볼 뿐 반드시 도를 잃게 된다' 하였습니다. 이것은 산에 사는 것을 탐탁하게 여기지 않은 것입니다" 하였다. 이 말도 일리가 있다. 그러나 나는 산에 사는 것을 찬동하며, 세속에 젖어있는 사람을 경계하노라.

그러나 한편으로는 영가 대사가 한 말도 바른 이치이다. 출가자가 아직 큰 일을 밝히지 못했으면 천 리 만 리라도 스승을 찾아 도를 물어야 하며, 선지식을 가까이하여 아침저녁으로 부지런히 가르침을 받아야 한다. 무지몽매하게 산만 지키는 산귀신이 되어서는 안 된다.

그러므로 먼저 해야 할 일은 행각行脚이요, 산에 거처하는 것은 나중 일이다. 이런 내 뜻도 영가의 말과 어긋나지 않는다.

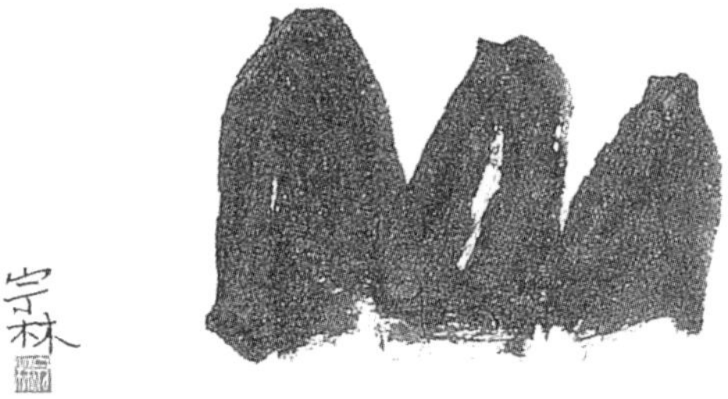
宗林

오조 가사

내가 처음 출가했을 때만 해도 오조五條 가사는 모두 간편하고 꾸밈없이 지어 입었다. 이것은 오조 가사의 본디 의미에 따른 것이니, 이 옷의 본디 이름은 '일할 때 입는 옷'이었다. 지금은 모두 칠조七條나 이십오조二十五條의 방식을 따르고 있으니, 비록 가사의 고제古制에는 어긋나지 않으나 여간 불편한 것이 아니다. 이런 옷을 입고서는 좌선을 하거나 경을 읽거나 예불은 할 수 있어도, 노동이나 운동은 어떻게 할 수 있겠는가.

공자도 "삼으로 만든 갓과 면류관이 예법에는 맞지만, 요즈음 명주로 만든 것을 사용하는 것은 절약하기 위해서다. 나는 여러 사람의 뜻을 따르겠다"했거니와, 굳이 고제를 고집하는 것은 문자가 만들어지고 나서도 매듭 글자를 쓰겠다는 것이며, 의자를 만들어 놓고도 삿자리를 쓰겠다는 것과 같으니, 그것이 과연 옳은 일일까.

요즘은 사발과 젓가락이 있는데도 밥 먹을 때에 반드시 발우를 사용하거나, 숟가락만으로는 불편한데도 굳이 젓가락을 쓰지 않으려 하는 사람도 있다. 우스운 일이다. 발우를 사용하는 것은 부처님의 법을 잊지 않으려는 뜻이니 한편으로는 옳은 일이라 하겠으나, 일상에서 굳이 이런 일에까지 집착할 것은 아니라고 생각한다.

스님도 부모에게 효성을 다해라

스님으로서 부모에게 불효한 자를 내가 크게 나무란 적이 있었다.

어떤 이가 물었다.

"출가함으로써 부모를 떠나 애정을 끊었는데 이를 나무라시면 그것은 도리어 은애恩愛의 마음을 부추기는 것이 아니겠습니까."

이것이 무슨 말인가. 대효大孝인 석가모니 부처님께서는 여러 겁에 걸쳐 부모님의 은혜를 갚으시고 그 공덕으로 정각正覺을 이루셨다. 또 「범망경」에서는 "계율에는 여러 가지 행이 있으나 그 가운데 근본이 되는 것은 효도이다" 하였고, 「관무량수경」에서는 "부모에게 효양孝養하는 것이 정업淨業의 올바른 인因이다" 하였다.

옛 선덕 가운데 어떤 분은 집을 따로 지어 어머니를 모시기도 하였으며, 어떤 분은 늘 어머니를 등에 업고 걸식하기도 했으나 은애에 얽힌 적이 없었으니, 이것을 어찌 부모와의 애정을 끊은 것이라 하랴.

그러나 시주의 집과 교분을 맺고 끊임없이 음식이며 물품을 주고받거나, 부모나 형제보다 제자에게 더 깊은 애정을 느끼는 사람도 있다. 이것은 부모가 없으면서 부모가 있는 것이요, 하나의 애정에서 벗어나 또 다른 애정 속으로 빠져든 것일 뿐이다. 어찌 이렇게 경우가 뒤바뀌었는가.

자기 자신은 세상의 시주의 공양을 받아 배부르고 따뜻하게 살면서, 부모님이 주리고 추위에 떨면서 외롭게 지내시는 것을 못 본 척하고도 마음이 편안하다면, 마음대로 하라!

배울 때는 전념해라

옛날에 학문하는 사람은 세 해 동안이나 뜰을 감상하지 않은 이도 있고, 문을 닫아걸고 담 밖을 나서지 않은 이도 있었으며, 어떤 사람은 집에서 편지가 와도 편안하다는 말만 짚어 읽고는 흐르는 물에 던져 버리기도 했다. 참으로 외곬으로 한 일에만 뜻을 쏟고 다른 일은 거들떠보지도 않은 사례들이다.

하물며 스님네로서 출세간의 법을 배우면서 세간의 일로 마음을 어지럽혀서야 되겠는가.

우리는 옛 사람의 이러한 마음가짐을 보고 마땅히 땀을 흘리고 두려워하여 깊이 가슴에 새겨야 하리라.

선지식을 가까이해라

월越의 정定 공은 중년에 출가하여 떨어진 옷을 걸치고 걸식하며, 구름이 흘러가듯이 새가 공중을 날듯이 명리에 담박하더니, "맑게 갠 하늘에 해가 뜬다" 하는 사구四句를 힘써 참구하여 문득 깨달음을 얻었다.

그러나 그 때의 선지식 가운데 그를 위하여 엄하게 질책해 주는 이는 없고, 한결같이 인정해 주기만 하였으므로, 그는 마음으로 승복할 수가 없어 화를 내며 산문을 떠나 버렸다. 그가 일찍이 내게 "어떤 스님이 감히 나를 인정하겠습니까?" 하면서, 석가 여래에게서나 인정받으리라는 태도였던 것이다.

이로 말미암아 제가 얻은 작은 것을 만족하게 여김이 마치 놋쇠를 금으로 오인함과 같더니, 마침내 나도羅道[1]를 숭배하게 되어 그 교조가 지은 5부 6책 등의 서적에 주석을 달아 당시 사람들의 비웃음을 샀다.

그가 올바른 스승과 훌륭한 벗을 얻었더라면 크게 성취할 수도 있었을 것이다. 그러므로 스승을 찾고 벗을 가까이 하는 공功은 도를 배우는 자의 중요한 임무임을 알 수 있으니, 그 스님은 원인만 있고 결과가 없었으므로 초심初心을 상실하고 말았던 것이다.

참으로 애석한 일이다.

호법護法

사람들은 불법을 옹호하는 책임이 임금이나 신하에게 부여된 사실은 알고 있으나, 스님들이 그 외호外護하는 사람에 대하여 신중히 대처하지 않으면 안 된다는 사실에 대해서는 잘 알지 못하고 있다.

불법을 외호하는 일의 종류에는 세 가지가 있다. 첫째는 절을 세우는 일이요, 둘째는 부처님의 가르침을 널리 펴는 일이요, 셋째는 스님들을 보호하고 격려하는 일이다.

신중히 대처해야 한다는 것은 무슨 뜻인가. 절을 외호하는 경우에, 본디 절의 재산이던 것을 권세 있는 자가 이것을 강제로 차지했다면 빼앗아서 도로 돌려받는 것은 당연한 일이다. 그런데 지적도나 문서를 살펴보아 분명하지 않은 점이 있고, 전해 온 지도 너무 오래 되어서 이 사람 저 사람이 서로 번갈아 차지해 온 것을, 권력으로 억지로 이를 빼앗아 절이 돌려받는 것은 옳지 못한 일이다. 기쁜 마음으로 보시하는 것은 '길상한 땅' 이라 부르고, 힘에 부쳐서 억지로 내놓는 것은 '원수의 늪' 이라 하지 않았던가.

스님의 처지로, 폐찰廢刹을 복구하는 힘있는 사람을 대공덕주로 떠받들지도 모른다. 그러나 부처님께서는 중생을 평등하게 보셨다. 예를 들면 아들인 라훌라가 백성들에게 폐를 끼쳐 가며 절을 지었는데, 넓이는 천 경頃이 넘고 높이는 하늘에 닿으며 전단 나무로 재목을 쓰고 구슬이나 옥으로 장식하니, 부처님이 이를 보고 매우 안타까워하고 측은히 여기셨다. 이런 일들을 생각하지 않으면, 허물만 있고 공덕은 없을 것이다. 이것이 신중하게 대처하지 않으면 안 될 첫 번째 일이다.

부처님의 가르침을 외호하는 사람으로서 그 저술이 멀리로는 부처님의 마음과 같고 가까이는 경전의 뜻에 어긋나지 않으면, 이를 찬탄하고 널리 전하는 것이 마땅하다. 그러나 현실에 맞지 않는 논설이나 자신만의 편벽된 소견을 지나치게 고집하는 것은 옳지 않다.

스님의 처지로, 이름난 관리에게서 서문이나 발문을 받으려 하기만 하고, 후학을 그르치고 의구심이 들게 할 것을 생각하지 않는다면, 허물만 있고 공덕은 없다. 이것이 신중하지 않으면 안 될 두 번째 일이다.

스님을 외호하는 사람으로서, 그 스님이 올바르게 참구하여 진실하게 깨달아 큰 지견을 갖춘 이라면 존경하고 예우하여야 하고, 마음과 행실이 진실하여 후덕하고 순박한 심성을 가진 이라면 믿고 가까이하는 것이 마땅하다. 그러나 머리가 텅 빈 선객이나 어리석고 용렬한 무리를 믿고 존경해서는 안 된다.

스님의 처지로, 존귀한 가문에 빌붙어 그들의 비호를 얻기 위해서라면 솜이나 비단으로 그들의 종기를 싸매 주는 일까지도 서슴없이 할 지경이면, 해독만 더할 뿐이요 허물은 있고 공덕은 없다. 이것이 신중하지 않으면 안 될 세 번째 일이다.

이와 같이 신중하지 않으면, 왕과 신하는 불법을 외호하고 있으나 스님네는 도리어 불법을 망치게 될 것이다.

슬픈 일이다.

191

남악과 천태의 자언自言

남악¹과 천태² 두 스님이 모두 이렇게 술회한 적이 있다. "나는 대중을 거느림으로써 남에게는 이익을 주었을지 모르지만 나 자신의 문제에 대해서는 적잖은 손해를 입었다." 그러면서, 한 분은 다만 철륜위鐵輪位³를 증득하였을 뿐이라고 하고, 한 분은 겨우 오품五品⁴에 오른 정도였다고 하였다.

이것은 방편으로 하신 말씀일까, 아니면 숨김없는 고백일까. 후학으로서는 그것을 헤아릴 길이 없지만, 방편으로 하신 말씀일 것이라는 생각은 일단 접어 두고, 사실을 고백한 말씀으로 받아들여 "성현도 그러하시거니와 하물며 범부들이랴!" 하고 생각한다면, 더욱 정진에 힘쓰게 되리라.

이 두 스님만 그런 것은 아니다. 어떤 이는 "나는 스승의 곁을 너무 일찍 떠났기 때문에 그 분의 미묘한 경지를 미처 다 맛볼 수 없었다" 하기도 하고, 또 "나는 너무 일찍부터 한 곳에만 머물렀기 때문에 거기에는 능히 이르지 못하였다" 하기도 하니, 신중하기가 그와 같았다.

더욱이 천태 법사의 처지가 아직 신위信位⁵에도 미치지 못했거늘, 요즘 사람들이 크게 깨달았다고 하는 것이 과연 주위住位⁶에 들어가서 부처님의 깨달음을 얻었다는 것인지 묻고 싶다. 만일 그러지 못했다면 성과聖果를 증득했다는 망언으로 짓는 대죄를 어떻게 감당하려 하는가!

참으로 두려운 일이다.

공자는 "나는 나면서부터 아는 사람이 아니다" 했다. 또 "만약 성인이나 인仁에 관한 것이라면 내가 어찌 감히 그 반열에 낄 수 있겠는가?"라고 하시기도 하고, "내게 지혜가 있다고? 내겐 그런 지혜가 없다"라고 하시

192

기도 했으니, 곧 남악과 천태 두 분 스님과 한뜻이라고 하겠다.

저 높은 곳에서 당당하게 스승의 자리를 차지하고 큰소리를 치면서 조금도 부끄러워하지 않는 이가, 과연 그 두 분 스님을 초월했을까!

물을 건너 보살을 찾아가다

승속을 막론하고 남해의 관음 보살을 친견하려 하는 자들 가운데는 사명[1]으로 해서 가는 바른 길을 택하지 않고, 바다나 별자문[2]을 통하여 들어가서 뜻하지 않은 고생을 겪는 자들이 허다하다고 한다. 어떤 때는 태풍이 일어 배가 뒤집어져서 바다에 빠져 죽는 사람이 몇 십 명, 혹은 몇 백 명이나 되는 때도 있다고 한다.

아! 몇 백 리, 몇 천 리를 멀다 않고 지극한 정성으로 찾아가서 보살을 뵙고자 하니, 이 어찌 장한 뜻이 아니며 훌륭한 일이 아니랴. 그러나 목숨을 잃는 지경에 이르러서는 정념을 갖지 못하리니, 이를 또 어찌하면 좋은가!

경전에는 "보살은 어디에서고 몸을 나타내지 않는 곳이 없다" 하셨으니 굳이 물을 건너 멀리 다른 곳을 찾아갈 필요가 없을 것이요, 대자대비하심이 관음 보살의 보살 됨이시니, 이 보살의 자비심을 마음에 새기고 보살의 자비행을 실천한다면, 그것이 문밖을 나서지 않고도 늘 보타산普陀山을 직접 볼 수 있는 길이며, 그 자비로운 얼굴을 뵙지 않고도 언제나 관자재를 직접 받들 수 있는 방법이다.

거친 물결 속에 뛰어드는 것으로 '몸을 바친다(捨身)'고 생각하면서 보살이 가까이 오시기를 바라다가 죽음에 이르러 화를 내고 원망한다면, 이것은 도리어 타락하는 길이 되고 말 것이니 어찌 슬픈 일이 아니겠는가!

이것뿐만이 아니다. 태산泰山 꼭대기에는 '사신애捨身崖'라는 절벽이 있는데, 뒷날에 어떤 현인이 여기에 담을 쌓고 "가엾고 어리석다"라는 글을 크게 새겨 두었다. 이도 한량없이 큰 음덕이리라.

194

소원을 들어주다

세상 사람들은 갖가지 소원을 이루려고 기도를 한다. 자식을 얻으려고, 장수를 누리려고, 또는 병을 낫게 하려고 기도한다. 재난을 해소하려 하거나 공명을 누리려거나 또는 재산을 불리려고 기도하기도 한다. 이러한 갖가지 인간사의 소원을 이루려고 기도하는 방법 가운데 가장 그른 것은 짐승을 잡아 기도의 제물로 삼는 일이다.

이런 짓은 '나쁜 소원'이라고 할 만하니, 업만 지을 뿐 아무런 공덕도 이루지 못할 것이요, 비록 소원을 이루었다 하더라도 좋은 일은 그저 잠시일 뿐으로, 곧 고통의 과보가 뒤따를 것이다.

옷이나 깃발을 바치거나 전당을 지어 올릴 것을 약속하거나, 기물을 갖출 것을 다짐한다 한들, 비록 앞의 냄새나는 제사와는 같지 않지만, 누구에게나 대자 대비하신 분이 부처님이시고 정직하여 치우치지 않는 자가 신神일진대, 어찌 뇌물에 이끌리어 복을 내리실 리가 있으랴.

설사 소원이 이루어졌다 하더라도 그것은 그 사람의 운명으로 이루어진 것이지 소원을 들어 주신 것은 아니다. 사실은, 소원을 이룸은 오직 널리 선업善業을 짓는 데에 따라온 결과일 뿐이다. 임금에게 충성하고 어버이에게 효도하며, 가난한 이를 돕고 노인을 불쌍히 여기며, 재난과 고통에 신음하는 이를 구하고, 살생을 하지 않고 죽어가는 생명을 살려 주는 등, 갖가지 음덕과 방편으로 제 힘이 닿는 데까지 힘써 행하면, 좋은 공덕이 감응하여 반드시 상서로운 일이 뒤따를 것이다.

이렇게 하고서도 소원을 이루지 못하면 천명天命에 돌리거나 숙연宿緣에 맡기고, 원망하거나 탓함 없이 선행을 더욱 힘써 지어 결코 물러서거나 후회해서는 안 된다.

195

수행은 출가함에만 있지 않다

예전에 내가 출가하기 전에 있었던 일이다. 내가 곧 출가하려고 마음먹고 있다는 것을 알고 어떤 도사가 이렇게 말했다.

"굳이 출가할 것까지 있을까요. 훌륭한 스승을 만나는 것이 더 중요합니다."

내가 그 때는 출가할 마음이 다급하여 그 말을 귓전으로 듣고 더 이상 논의하지 않았다.

출가한 뒤에 생각해 보니, 그는 오래 살기 위하여 색신色身을 수양하는 것으로 공부를 삼던 사람이었으니, 훌륭한 스승을 얻어서 몸이 세상에 오래 머물기만 하면 되지, 굳이 출가할 필요가 있겠느냐는 뜻으로 말한 것이었다.

그러나 스님이 되고자 함은, 번뇌를 깨뜨려 없애고 지혜를 얻어, 위로는 불과佛果를 구하고 아래로 중생을 교화하기 위함이다. 그래서 옛 큰스님들도 모두 집을 버리고 세속을 떠나 사문이 되었던 것이다.

만일에 그 사람이 만약 금단金丹[1]의 도를 구하는 데 뜻을 두었더라도, 또한 반드시 출가했어야 했다. 그렇다면 그 사람의 말이 반드시 옳은 것만은 아니다.

다만 요즘 사람들이 출가하기 전에는 자못 신심이 청정하였으나, 머리를 깎고 먹물 옷을 입은 뒤에는 갈수록 세속 인연에 물들어 도리어 타락하는 것을 보면, 차라리 집에서 부모를 봉양하고 자식을 가르치면서, 훌륭한 스승을 얻어 정법을 지도받고 그것에 의지하여 수행하는 편이 더 나으리라는 생각이 들기도 한다. 이것이 여래의 진실한 재가在家 제자이니,

어찌 구차하게 아란야阿蘭若[2]에 이름을 붙여 두는 짓을 하랴!

   이런 점에서 보면 그 사람의 말도 또한 깊은 뜻이 있다 하겠다.

   불가불 밝혀 두는 바이다.

오직 일심 불란하게 염불하라

어떤 이가 물었다.

"묘희妙喜 대사는 '어리석은 사람은 종일 염주를 들고 정업을 구한다' 하셨습니다. 염불이 과연 어리석은 사람이나 하는 일일까요?"

아! 이 일에 대해서는 앞에서도 밝힌 적이 있거니와, 묘희는 다만 '어리석은 사람은 종일 염주를 들고 정업을 구한다' 하셨지, '어리석은 사람은 종일토록 일심 불란하게 정업을 구한다' 고는 말씀하시지 않았다.

또 물었다.

"고덕이 송頌하신 바 있습니다.

성불한 사람 드물고 염불하는 자는 많으나
오랜 세월 염불하더라도 도리어 마魔를 이룰 뿐이네.
그대 지금 쉽게 성불하고자 하는가.
무념無念은 염불에 견줄 바 아니네.

무념無念으로 염불하는 것도 어찌하여 유념有念의 염불이라 하셨을까요?"

이것은 산란한 마음으로 염불하면서 마음을 관觀하지 않는 이를 경계하여 일으키기 위하여 하신 말씀이니, '오랜 세월 동안 일심 불란하여도 마를 이룬다' 고는 하시지 않았다.

아직 염불을 해 본 적도 없으면서 미리 유념有念일지를 걱정할 것은 없

198

다. 이것은 마치 주린 자가 밥을 먹으려 하면서 미리 소화 불량이 될까 염려하여 먹지 못하는 것과 같다.

또 물었다.

"육조 대사께서 '동방인이 악한 일을 저지르면 염불하여 서방에 태어나기를 구한다지만, 서방인이 악한 일을 저지르면 어느 곳에 태어나기를 구하랴' 하셨습니다. 이 뜻은 어떠합니까?"

육조는 '악인이 염불하여 태어나기를 구하면…' 이라고 하셨지, '선인으로서 일심 불란하게 염불하는 자가 태어나기를 구하면…' 이라고는 하시지 않았다.

또한 악인은 반드시 염불을 하지 않을 것이요, 설령 염불하는 자가 있다 하더라도 거짓 꾸밈일 뿐이요 진실한 염불이 아니다. 이는 마치 악인이 십선을 닦아 천당에 태어나기를 구함에 있어, 악인은 반드시 십선을 닦지는 않을 것이므로, 그가 십선을 닦는다는 것은 거짓이거나 올바른 수행이 아닌 것과 같다 할 것이다.

일찍이 선인이 일심으로 염불하여 서방에 태어나지 않은 적은 없었다.

또 물었다.

"고덕이 말씀하시기를 '더러운 것을 버리고 깨끗한 것을 취하는 것이 생사업生死業이다' 하셨습니다. 그렇거늘 어찌 사바를 버리고 극락을 찾겠습니까."

'더러운 것을 버리고 깨끗한 것을 찾는 것이 생사업이다' 하셨지, '일심 불란하게 정토를 구하는 것이 생사업이다' 하시지는 않았다. 그대는 아직 더러운 것도 버리지 못했으면서 미리 깨끗한 것을 취할까 걱정하고 있는가. 앞에서 말한, 유념을 근심하는 경우와 같다 하겠다.

또 물었다.

"선종에서는 '나는 부처라 불리기를 달가워하지 않노라' 하기도 하고, 또 '부처가 와도 죽이고 마가 와도 죽인다' 하였습니다. 그렇다면 어찌하여 부처를 생각(염불)하십니까?"

아! '부처라 불리기를 달가워하지 않노라' 하였지, '일심 불란하다는 말을 듣기 좋아하지 않노라' 하고 말하지는 않았다.

또 '부처가 와도 죽이고 마가 와도 죽인다' 하였지, '일심 불란이 오면 그도 마저 죽여 버린다' 고는 하지 않았다.

근원으로 돌아가면 두 가지가 아니나, 방편으로는 여러 가지 문이 있는 것이다. 그러므로 집으로 돌아가는 것은 누구에게나 마찬가지이지만, 저마다 편리한 대로 배를 이용하기도 하고 수레를 이용하기도 하는 것이다. 만약 배를 타고 가는 사람이 수레를 비웃거나, 수레를 타고 가는 사람이 배를 비웃는다면, 그것은 모두 희론이 되고 만다.

이렇게 이치가 분명하지 않은가. 번거롭게 더 군소리하지 말라!

또 물었다.

"이즈음에 어떤 이가 이런 말을 하였습니다. '나는 염불을 하지 않는다.

왜냐하면 안으로 능념能念의 마음이 있고 밖으로는 소념所念의 부처가 있어서 능能(주관)과 소所(객관)가 없어지지 않았으니 어찌 도라고 할 수 있겠는가' 라고요. 이 점에 대해서는 어떻게 생각하십니까?"

아! 저는 유독 공정空靜을 지키고 있는 것만을 도라고 생각하는가 보다. 안으로 능정能靜의 마음이 있고 밖으로 소정所靜의 경계가 있다면, 이도 능과 소가 완연하지 않은가!

어찌 '일심 불란하면 어떤 것이 능이며 어떤 것이 소일 것이며, 어디가 안이고 어디가 밖이겠는가' 하고 말하지 않는가!

내가 그대와 함께 진작부터 정토를 닦아 왔으나 다만 일심 불란한 경지에 이르지 못한 것을 안타깝게 여길 뿐이다. 일심 불란하기만 하면 저들의 어떤 비방 앞에서도 태산과 같이 우뚝해서 흔들림이 없을 것이다.

더 무엇을 의심하랴!

시험

전하는 말에, 종리 진인鐘離眞人[1]은 동빈洞賓[2]에게 열 가지 일로써 시험한 뒤에 선도仙道를 주었다고 하는데, 그 가운데 몇 가지 일로서, 처음에는 재물로써 시험하고, 다음에는 여자, 다음에는 목숨으로써 시험하였다 한다.

이런 정도의 일은 진실하게 수행하는 사람이라면 그다지 어려운 일도 아니다.

또 어떤 진인은 재료를 구하여 단약丹藥을 만드는데, 여러 차례에 걸쳐 기이한 일이 나타나 마침내 단사丹事가 이루어지는 듯하더니, 어린아이가 땅에 넘어져 숨이 넘어가듯 우는 소리를 듣고는 그만 실패하고 말았다 한다.

이 또한 세상의 정을 잊은 사람이라면 할 수 있는 일이다.

세존께서는 옛날에 보살이었을 때, 어떤 바라문이 세존에게 아내와 함께 자기의 종이 되어 달라고 하였다. 그 때 세존은 태자의 몸이었는데도, 태자비와 함께 그의 종이 되어 충성을 다하여, 갖은 고초를 겪고 온갖 괴로움을 당하면서도 그를 원망하지 않았다.

또 어떤 때는 살을 베어 매한테 먹였고, 눈을 뽑아 연등불然燈佛께 공양하며 법을 구하셨으니, 이러한 일은 세상에서 누구나 하기 어려운 일일 뿐만이 아니라 초심初心 보살도 미치지 못할 일이다.

그러므로 사리불도 눈을 구걸하는 사람을 만나서는 마침내 큰 것을 사양하고 작은 것에 나아가지 않을 수 없었으니, 보살도를 성취하기 어려움이 이와 같다.

202

요즘은 동빈의 시험 따위를 겪더라도 열에 열 사람은 퇴타하고 마니, 하물며 종이 됨이랴! 더욱이 제 살을 베어 내고 눈을 뽑는 갖은 고행이랴!

이것은 비록 인욕 보살의 경계라서 범부에게서는 기대하기 어려운 일이기는 하지만, 그렇다고 해서 이 말로 마음을 달래려고 하지는 말라!

제자가 스승을 위하여 상복을 입다

스승의 상을 당하여 제자가 입는 상복 문제에 대하여 세 가지 설이 있다. 「육조단경」, 「석씨요람釋氏要覽」, 그리고 「백장청규百丈淸規」의 설로서, 이들이 서로 다른 점은 다음과 같다.

첫째 「단경」에서는 "내가 죽은 뒤에 인정이나 도리로 슬피 울거나 눈물을 흘리지 말라. 다른 이의 조문을 받거나 효복孝服, 곧 상복을 입으면 나의 제자가 아니요 정법이 아니다" 하였다.

둘째 「요람」에서는 "부처님의 열반에 대해서 밝힌 여러 가지 경전을 살펴보았으나 복제服制에 관한 말씀은 아무 데서도 찾아볼 수 없었다. 다만 「증휘기增輝記」에서만은 삼복三服을 들어서 예를 밝히었다. 삼복이란, 「백호통白虎通」에서는 '스승의 은혜는 부모와 같으니 마땅히 상복을 입어야 한다' 하였고, 「석씨상의釋氏喪儀」에서는 '스승의 은혜는 부모의 은혜와 같으니 마땅히 3년 동안 상복을 입어야 한다' 하였으며, 「오삼五杉」에서는 '스승의 상을 당하여 입는 옷은 모두 법복을 따라야 한다. 다만 무명일 경우에는 조금 거친 것이어야 하고, 명주일 경우에는 황갈색으로 물들여 입어야 한다' 했다고 하면서, 「증휘기」에서는 '검푸른 색깔로 물들여 입어야 한다' 하는 말을 덧붙였다. 이와 같이 조금씩 일반적인 경우와 다르다" 하였다.

셋째 「청규」에서는, "제자는 삼베 장삼을 입고, 양서兩序'는 모시 장삼을 입고, 주상主喪은 명주 장삼을 입는다. 대중은 세 번 곡하고, 제자는 빈소 아래서 슬피 운다" 하였다.

다시 정리해 보면, 「단경」에서는 복도 입지 말고 울지도 말라 이르고 있다. 「증휘」 등에서는 복은 입되 울지는 말고, 상복은 삼베를 쓰지 않으나 다만 황갈색이나 검푸른 색깔로 물들여 입으라 한다. 「청규」에서는 상복도 입고 울기도 한다 하니 세속 법과 다를 바 없다.

내 생각에는, 스님이라면 당연히 「단경」을 본받아야 하겠으나, 다만 요즘은 제자가 스승의 죽음을 크게 슬퍼하며 스승을 위하여 상복을 입는 일이 흔하다. 그래서 위로는 조사의 가르침을 숭상하고, 아래로 인간의 정리에 매정하지 않은 뜻으로 「증휘」를 따라 청황색의 상복을 입는 것이 좋을 듯하다.

옛말에 "예는 의義로써 행하는 것이 옳다" 하였으니, 고명한 분이 이를 바로잡아 주시기 바라노라.

조개와 굴을 먹다 [22쪽]

1) 하윤何胤: 양梁 사람으로 자는 '자계子季'이다. 「주역周易」과 「예기禮記」, 「모시毛詩」 (「시경詩經」)에 능통하였으나 종산鍾山 정림사定林寺에 들어가서 불교 공부도 했다. 제齊 무제 때는 건안 태수를 지냈고 나중에는 회계에 숨었다가 다시 태망산泰望山으로 옮아갔다. 저서에는 불교 관계 저서로 「백법론百法論」, 「십이문론十二門論」이 있고, 그밖에 「주주역注周易」, 「모시통집毛詩統集」, 「모시은의毛詩隱義」, 「예기은의禮記隱義」, 「예답문禮答問」 등이 있다.

동문의 사냥개 [23쪽]

1) 이사李斯: 초나라 상채上蔡 사람으로, 진시황을 도와 천하를 통일하였으나 이세二世 때 참소를 당하여 죽었다.

사슴을 죽여 제사하고 이름을 구하다 [24쪽]

1) 문창文昌: 북두칠성의 첫째 별로서 학문을 맡은 별.
2) 춘관春官: 예법이나 제사를 맡은 관청.

어리석은 사람이 죽어서는 지혜롭다 [28쪽]

1) 조도: 조사의 계보.

물에 데고 나니 3 [45쪽]

1) 필룽가바차畢陵伽婆蹉는 부처님 당시의 비구이다. 이 구절은 「능엄경」 제5권에 나온다.
2) 마조 도일馬祖道一(709-788) 선사는 당나라 스님으로, 남악 회양南嶽懷讓(677-744)의 법을 이었다. 이 구절은 「마조어록」에 나온다.
3) 영가 현각永嘉玄覺(655-713) 선사는 당나라 스님으로, 육조 혜능의 법을 이었다. 이 구절은 「영가증도가」에 나온다.
4) 사대四大: 흙, 물, 불, 바람으로 이루어진 우리의 몸뚱이.
5) 오온五蘊: 우리의 몸과 마음.
6) 조공肇公은 승조僧肇(384-413년 또는 374-414년) 법사를 말한다. 동진 때 스님으로, 구마라집의 제자이다. 이 말은 법사가 죽음에 이르러 한 말이다.
7) 구두 삼매口頭三昧: 진실한 수행이 없이 글자나 말만을 희롱하는 선禪.

험담 [47쪽]

1) 아공我空: 진실한 '나(我)'란 없는 것임을 말한다. 일반적으로 우리가 '나'로 알고 있는 것은 오온五蘊이 화합한 것일 뿐, 참다운 '나'라고 할 것이 없고 공무空無한 것임을 말한다.

채식 [53쪽]

1) 삼정육三淨肉: 병든 비구가 약으로 쓸 때 먹을 수 있는 육식의 세 가지 조건. 곧 중생이 죽는 것을 내 눈으로 직접 보지 않은 것(不見), 죽어 가는 중생이 내는 소리를 내 귀로 직접 듣지 않은 것(不聞), 그 중생이 나 때문에 죽었을 것이라고 의심이 가지 않는 것(不疑)의 세 가지 조건을 갖춘 고기를 말한다.

산색山色 [59쪽]

1) 청대靑黛: 쪽으로 만든 검푸른 물감.

한창려 [60쪽]

1) 한창려韓昌黎: 한유韓愈를 말한다. 당나라 중기의 유학자이며 당송 팔대가의 한 사람이다.
2) 대전: 대전 보통大顚寶通(732-824년) 선사를 말한다. 당나라 때 스님으로, 석두 희천石頭希遷의 법을 받고 조주潮州 영산靈山에 머물자 사방에서 학자들이 모여들었다.
3) 석씨釋氏: '불교'를 달리 이르는 말.
4) 영향影響: 불보살이 중생을 교화하기 위하여 방편으로 모습을 자재로이 나타내는 것.
5) 명교明教: 불일 계숭佛日契嵩(1007-1072년) 선사를 말한다. 송나라 스님으로서 일곱 살에 출가, 열세 살에 득도하고, 열아홉 살 때부터 선사를 찾아 행각하여 동산 효총洞山曉聰의 법을 이었다.

독사의 비유 [64쪽]

1) 구담瞿曇: 석가모니.

세계 [65쪽]

1) 내전內典: '불경'을 이르는 말.

제나라 사람 [68쪽]

1) 제나라 사람:「맹자」 '제인유일처일첩장齊人有一妻一妾章'에 나오는 이야기로, 내용은 다음과 같다.

　제나라 사람으로 아내 하나와 첩 하나를 두고 사는 이가 있었다. 이 사람이 외출하면 반드시 술과 고기를 물리도록 먹고 돌아오곤 하였다. 그의 아내가 함께 먹고 마신 사람을 물으면 모두 돈 많고 벼슬 높은 사람들이라고 대답하였다.

　그의 아내가 그의 첩에게 "주인이 외출하면 반드시 술과 고기를 물리도록 먹고 돌아오는데, 함께 먹고 마신 사람을 물으면 다 돈 많고 벼슬 높은 사람들이라고 하였네. 그러나 여태껏 그런 사람이 우리 집에 온 적이 없었으니 나는 주인이 가는 곳을 몰래 알아 보려네" 하고는 몰래 남편 뒤를 밟았는데, 온 나라를 다 가도 함께 서서 이야기를 나누는 사람이 없었다.

　남편은 마침내 동쪽 성 밖의 무덤에서 제사 지내는 사람에게로 가더니 먹고 남은 것을 구걸하고 모자라면 또 다른 곳으로 가곤 하였다. 이것이 그가 물리도록 먹고 마시는 방법이었다.

　아내가 돌아와 첩에게 "우러러보며 평생을 함께 살아야 할 주인이 지금 이 꼴일세!" 하고, 첩과 마당 가운데 서서 함께 울었다.

　이런 줄도 모르고 남편은 밖에서 돌아와 여전히 으스대면서 아내와 첩에게 뽐내었다.

　군자의 눈으로 볼 때는, 세상 사람들이 부귀와 명예를 찾아다니는 방법치고 그들의 아내와 첩이 부끄러워하지 않고, 그리고 서로 붙들고 울지 않을 만한 경우가 극히 드물다.

안탕산 [71쪽]

1) 양절兩浙: 절동浙東과 절서浙西를 함께 이르는 말이다. 절동은 전단강 남쪽, 절서는 북쪽 지역이다. 지금의 강소성江蘇省 장강長江 이남과 절강성浙江省 일대를 말한다.

골동 1 [74쪽]

1) 오계五季: 중국 당·송 교체기에 중원에서 흥망한 다섯 왕조, 곧 후량後梁, 후당後唐, 후진後晉, 후한後漢, 후주後周의 오대五代를 '말세'라는 뜻으로 이르는 말이다.

2) 삼대三代: 중국 상고 시대의 하夏, 은殷, 주周 세 왕조를 이른다.

3)~7) 고신씨高辛氏, 수인씨燧人氏, 신농씨神農氏, 태호씨太昊氏, 여와씨女媧氏: 모두 중국 상고 시대 전설 속의 제왕들이다.

뜻을 세우는 일의 어려움 [76쪽]

1) 유흠劉歆: 한나라 사람으로 자는 '자준子駿'이다. 나중에 이름을 수秀, 자를 영숙穎叔으로 바꾸었다. 경적經籍 목록이 그에게서부터 시작되었다. 「춘추좌씨전」과 「모시毛詩」, 「예기」, 「고문상서」를 학관學官에 두려다가 여러 선비들의 미움을 샀고, 또 정권을 잡은 대신의 미움을 사서 태수로 쫓겨났다. 왕망王莽이 왕위를 찬탈했을 때 그를 죽이려고 하다가 발각되자 스스로 목숨을 끊었다.

2) 모시毛詩: 한나라 때 모형毛亨에 의해 전해지는 「시경詩經」의 주해서이다.

3) 염계濂溪: 송대의 유학자 주돈이周敦頤(1017-1073년)를 말한다. 그의 고향인 염계濂溪를 따서 '염계 선생'이라 부른다. 「태극도설太極圖說」과 「통서通書」 등을 지어 이기학理氣學의 개조가 되었다.

4) 남악南岳: 천태종의 제2조인 남악 혜사南岳慧思(515-577년)를 말한다. 열다섯 살에 출가하여 혜문의 가르침을 받아 일심으로 연구하고 정진하여 마침내 법화 삼매를 얻었다. 그런 뒤에 그의 이름을 시기하는 무리들에게서 심한 박해를 받으면서도 곳곳에서 「법화경」을 강의하였고, 뒷날 남악에 들어가 강석을 펴고 선양하였다. 나중에 도사들의 참소를 여러 번 받다가 예순셋에 죽었다. 저서에 「대승지관大乘止觀」(2권) 등이 있다.

공부는 전일하게 해라 [79쪽]

1) 미원장米元章: 송나라 때의 유명한 서예가인 미불米芾을 말한다. '원장'은 그의 자이다.

살생한 죄 [80쪽]

1) 등갑군藤甲軍: 삼국 시대에 촉의 변방으로서 맹획이 다스리던 남만南蠻 땅의 장수 올돌골兀突骨의 군사를 이르는 말로, 그 군사들이 등나무로 만든 갑옷을 입은 데에서 비롯된 이름이다.

도를 배우는 데는 요행이나 굴욕이 없다 [82쪽]

1) 유분劉賁: 당나라 남창南昌 사람이다. 그가 과거를 보았을 때 '환관의 화'에 대해서 극단적으로 논한 것 때문에 시험관이 환관을 두려워하여 그를 낙방시켰다.

방생 못 [84쪽]

1) 관하官河: 나라에서 관리하는 하천.

2) 석숭石崇: 진晉의 거부.

3) 경행經行: 일정한 거리를 왕복하며 걷는 것.

원 거사 어머니 [91쪽]

1) 갈葛 대부: 송나라의 갈번葛繁 대부를 말한다. 젊어서 과거에 급제하여 벼슬이 조산朝散에 이르렀다. 근무하는 관청에도 사가에도 반드시 염불하는 곳을 마련하여 불상을 모셨다. 방에서 예송하고 있을 때에 허공에서 사리가 떨어진 적도 있었으며, 평소에 사람들에게 정업을 널리 권하여 사람들을 많이 감화시키기도 하였다. 어떤 스님이 정定에 들어 정토를 여행하다 갈번 대부가 그 곳에 있는 것을 보았다고도 한다. 나중에 병 없이 서쪽을 향하여 단정히 앉아 죽었다.

촌음을 아끼다 [92쪽]

1) 이암 권伊庵權: 이암 유권伊庵有權(?-1180년) 선사를 말한다. 열네 살에 출가하여 도량사의 무암 법전無菴法全의 법을 이었는데, 법전과 자리를 나누어 법을 설하면서 명성을 떨쳤다.

신선이 심은 나무 [93쪽]

1) 조달調達: 석가모니 부처님의 사촌 동생인 '제바달다'를 말한다. 곡반왕斛飯王의 아들로, 아난의 형이다. 번역하면 천열天熱, 천수天授라고 한다. 출가하여 신통을 배워 몸에 32상을 갖추고 6만의 법장法藏을 외웠으나, 제 욕심 때문에 삼역죄三逆罪를 짓고 산 채로 지옥에 떨어졌다.

거위 도인 [95쪽]

1) 추우騶虞: 성인의 덕화에 감격하여 나타난다는 신령스런 동물이다.

사람이 저지르는 가장 큰 죄악 [96쪽]

1) 아사세 왕: 중인도 마갈타국의 왕. 부왕인 빔비사라 왕을 죽이고 어머니를 가두어 왕위를 찬탈하였다.

2) 양광楊廣: 수나라 양제楊帝. 문제文帝의 둘째 아들로 아버지 문제를 죽이고 즉위했다.

시간을 헛되이 보내지 마라 2 〔100쪽〕

1) 삼보三寶: 불교의 교주인 부처(佛)와, 그의 가르침인 법法과, 그의 가르침에 따라 수행하는 승僧을 말한다.

형계刑戒 〔104쪽〕

1) 여숙간呂叔簡: 여곤呂坤을 말한다. 명나라 영릉寧陵 사람으로, 자는 '숙간叔簡', 호는 '심오心吾', '거위재去僞齋'라고 하였다. 만력萬曆에 진사가 되어 형부 시랑을 지냈다. 저서로 「거위재문집去僞齋文集」 등 여러 권의 저술이 있다.

2) 추남고鄒南皐: 추원표鄒元標를 말한다. 명나라 길주吉州 사람으로, 자는 이첨爾瞻이고 '남고南皐'는 별호이다. 만력에 진사가 되어 희종熹宗 때 좌도 어사가 되었는데 엄격하고 정직한 성품으로 이름이 났다.

거친 음식으로 손을 대접하다 〔106쪽〕

1) 벽지불辟支佛: 꽃이 피고 잎이 지는 등의 외연外緣에 의하여 스승 없이 혼자 깨달은 이를 말한다. '연각緣覺'이라고도 하고, '독각獨覺'이라고도 한다.

벼락 〔107쪽〕

1) 소명윤蘇明允: 송나라 학자 소순蘇洵을 말한다. 호는 '노천老泉'이고, '명윤明允'은 그의 자이다. 아들 식軾, 철轍과 함께 당송 팔대가의 한 사람으로 꼽힌다.

참된 벗 〔108쪽〕

1) 제호醍醐: 우유를 정제하는 다섯 가지 과정 가운데 가장 마지막 단계를 거친 정밀한 맛의 우유.

2) 의왕醫王: 본디 '뛰어난 의사'라는 뜻이나, 불법이라는 약을 써서 중생의 마음의 병을 치료해 주는 '부처' 또는 '보살'을 뜻한다.

진정한 보살 〔109쪽〕

1) 유관劉寬: 동한東漢 사람으로 자는 '문요文饒'이다. 환제桓帝 때 상서령尚書令이 되고 남양南陽 태수로 옮겼으며, 삼군三郡을 두루 다스렸다. 온화하고 인자함으로 이름이 높았다. 영제靈帝 때 벼슬이 광록훈光祿勳에 이르렀다.

2) 화택火宅: 번뇌와 고통이 가득한 이 세상을 '불타고 있는 집'에 비유한 말이다.

3) 포단蒲團: 부들로 만든 방석. '포蒲'는 좌구의 재료인 부들을 말하고, '단團'은 좌구의 둥근 모양을 말한다.

용안龍眼 〔112쪽〕

1) 용안龍眼: 열대 지방에서 나는 늘푸른 교목. 흰 꽃이 피고 핵과核果가 열리는데 그 살을 용안육龍眼肉이라 하여 약재로 쓴다.
2) 종백宗伯: 벼슬 이름 '예부 시랑禮部侍郎'의 별칭이다. 육경六卿의 하나로서 예의禮儀, 신기神祇에 관한 일을 맡아 보았다.

무위無爲 스님 〔121쪽〕

1) 광려연사匡廬蓮社: 동진東晉의 혜원慧遠이 백련사白蓮社를 결성하고 염불 수행을 하던 곳이다. '광산匡山', 또는 '여산廬山'이라고 부른다.
　혜원 법사의 가르침에 따라 훌륭한 염불회를 만들어서 널리 염불을 권하던 분으로 장로 색두蘆頭 선사가 있다. 어느 날 밤 색 스님의 꿈에 검은 갓에 흰 옷을 차려입은, 풍모가 수려한 어떤 사람이 절을 하며 "스님의 연화회蓮花會에 들고자 서명을 하려 합니다" 하였다. 색 스님이 이름을 물으니 '보혜普慧'라고 하였다. 서명을 하고 나서 또 "저의 가형인 보현도 함께 서명하려 합니다" 하였다. 스님이 꿈을 깨어 「화엄경」'이세간품離世間品'에 두 보살의 이름이 있음을 확인하고 그 분들을 회주會主로 삼기에 이르렀다는 이야기가 전한다.
2) 동라석董蘿石은 명나라 해염海鹽 사람 동운董澐을 말한다. '라석蘿石'은 그의 호이고, 자는 '복종復宗'이다. 시문으로 강호에 명성이 자자하였다.
　나이 예순여덟 살에 회계會稽를 여행하다가 왕양명王陽明의 양지良知의 설을 듣고 그를 사사하기에 이르니 시우들이 모두 비웃었다. 그러자 그는 "나는 내가 좋아하는 것을 따를 뿐이다(從吾所好)" 하였다. 그래서 '종오 도인從吾道人'이라고도 불린다. 저서에 「동종오고董從吾稿」가 있다.

출가자도 부모에게 절을 해라 〔124쪽〕

1) 「정와집正訛集」: 주굉 스님의 또 다른 저서이다.

세간의 지혜와 출세간의 지혜 [126쪽]

1) 사제四諦: '제諦'는 '진리'라는 뜻으로, 사제는 네 가지의 틀림없는 진리를 말한다. 첫째는 '고苦'이니, '미혹된 이 세상은 모두 고苦이다'라고 한 가르침이다. 둘째는 '집集'이니, '고苦의 원인은 구하고 탐하기를 그치지 않는 집착이다'라는 가르침이다. 셋째는 '멸滅'이니, '그 집착을 완전히 끊어 없애 버려서 고苦가 사라질 때가 궁극의 이상경이다'라는 가르침이다. 넷째는 '도道'이니, '이와 같은 고苦가 없는 열반경에 도달하기 위하여 팔정도八正道의 올바른 수행의 길을 따라야 한다'는 가르침이다.

2) 육도六度: '육바라밀'이라고도 한다. 피안, 곧, 열반에 이르기 위하여 닦는 여섯 가지 수행을 말한다. 곧, 남에게 남김 없이 베풀면서 베풀었다는 생각마저 가지지 않는 행行인 보시布施와, 계戒와 율律을 모두 견고히 지켜서 몸과 마음의 청정을 얻는 지계持戒와, 남으로부터 받는 고통이나 박해를 잘 참으며 제법諸法을 관찰하여 마음이 안정된 인욕忍辱과, 몸과 마음을 가다듬고 힘써 행하여 선법善法을 더 발전시키는 정진精進과, 마음이 산란한 것을 가라앉히고 마음의 평정을 유지하는 선정禪定과, 어리석음을 거두어 모든 진리를 밝게 아는 예지인 지혜智慧를 말한다.

3) 무명無明: 사물의 있는 그대로를 보지 못하는 어둡고 어리석은 생각.

동파東坡 거사 [128쪽]

1) 동파東坡: 송나라의 대표적인 문장가 소식蘇軾(1036-1101년)을 말한다. 자는 '자첨子瞻'이고 '동파東坡'는 그의 호이다. 신종神宗 때 왕안석王安石과 뜻이 맞지 않아 황주黃州로 좌천되었으나 철종哲宗 때 소환되어 한림학사, 예부 상서의 지위에 올랐다. 예순다섯 살에 불교에 입문하여 동림 상총東林常總 선사의 법문을 듣고 법을 얻었다. 오조 사계五祖師戒 선사의 후신이라 전해진다. 아버지 순洵, 아우 철轍과 함께 당송 팔대가의 한 사람으로 꼽힌다.

2) 홍각범洪覺範: 각범 혜홍覺範慧洪(1071-1128년)을 말한다. 송나라 스님으로서, 삼봉 정三峰靜 스님에게 출가하여 열아홉 살에 득도했다. 늑담 극문泐潭克文의 법을 이어받고 나중에는 석문石門의 법을 이었다. 「임간록林間錄」(2권), 「선림승보전禪林僧寶傳」(30권), 「고승전」(12권), 「지증전智證傳」(10권) 등 많은 저서를 남겼다.

뒤바뀐 일 [131쪽]

1) 일대사一大事 인연因緣: 부처님이 이 세상에 출현하신 목적이자 스님들의 최후의 목표이기도 한, 자신이 부처님의 지견知見을 깨닫고, 중생들에게 이를 펴 보이는 것.

벽암집碧巖集 〔134쪽〕

1) 벽암집碧巖集: 불과 원오佛果圓悟 선사가 엮은 책. 전 10권.

2) 묘희妙喜(1089-1163년): 대혜 종고大慧宗杲 선사를 말한다. '묘희'는 그의 호이다. 남송대 스님으로, 원오 극근의 회하에서 크게 애쓴 끝에 깨달음을 얻고 그의 법을 얻었다. 주전론자인 장구성과 한패가 되어 금나라를 치려 한다는 누명을 쓰고 의첩衣牒을 박탈당한 뒤에 호남성 형주에 10년 동안 유배되었다. 그 때에 「정법안장正法眼藏」 6권을 저술하였다. 나중에 사면되어 효종 황제의 귀의를 받고 '대혜'라는 호를 받았다.

3) 원오圓悟(1063-1125년): 송나라 스님으로 자는 '무착無着'이다. 남송의 고종高宗으로부터는 '원오圓悟'라는 호를, 북송의 휘종徽宗으로부터는 '불과佛果'라는 호를 받았다. 어려서 출가하여 여러 곳의 고승에게서 참학한 뒤에 오조 법연五祖法演 선사의 법을 이었다. 세수 일흔셋에 입적하였다. 시호는 진각眞覺 선사이다. 문하에 대혜 종고, 호구 소륭虎丘紹隆 등 100여 명이 있었다.

4) 설두雪竇(980-1052년): 설두 중현雪竇重顯 선사를 말한다. 어려서 출가하여 호북성의 지문 광조智門光祚를 알현하여 깨달음을 얻고 법을 이어받았다. 30년 동안 산에 머물며 70여 명의 제자를 양성하여 문풍을 크게 진작시켰다.

5) 송고 백칙頌古百則: 「설두송고雪竇頌古」(1권)를 말한다. 설두 중현이 옛 선적禪籍에서 고칙古則 100항목을 뽑아 송頌을 붙인 책이다. 천성天聖 4년에 문인 원진遠塵이 편집하고 담옥曇玉이 서序를 붙였다.

6) 평창評唱: 평설評說 또는 평석評釋. 옛 사람의 고칙이나 공안 등에 나타나는 일문 일답을 비평하고 스스로 거기에 공명하여 창唱을 붙이는 것을 말한다.

7) 문자 반야文字般若: '문자로 설한 반야般若'라는 뜻이다. 반야란 본디 언어 문자로 설명할 수 없는 것이지만, 중생의 이해를 돕기 위하여 '문자'라는 한계 속에서 설명한 반야를 말한다.

8) 운문雲門(864-949년): 운문 문언雲門文偃 선사를 말한다. 당나라 말 오대五代의 스님이다. 설봉 의존雪峰義存에게서 참구하여 그의 법을 받았다.

운문 선사가 대중에게 설하기를, "세존이 태어나서 한 손으로 하늘을 가리키고 한 손으로 땅을 가리키며 일곱 걸음을 걷고, 사방을 두루 보며 '하늘 위나 하늘 아래에 오직 나만이 높다' 하였는데, 그 때 내가 이를 보았다면 한 방망이로 때려죽여 개에게 먹여 천하가 태평하게 하였을 것이다" 하였다.

9) 전단栴檀: 인도 등지에서 생산되는 향나무의 한 종류로, 방향을 내며 약재로도 쓰인다.

경전 바로 읽기 [136쪽]

1) 「능엄경」에서 부처님은 여러 보살들의 수행에 관해 묻고, 유독 관음 보살의 이근원통耳根圓通만을 인증했다.

2) 달마 대사는 양나라 보통普通 7년(526년)에 중국으로 와서 대통大通 원년(527년)에 양 무제를 만났다. 그 때에 무제와 대사가 나눈 문답은 다음과 같다.

"짐은 즉위한 뒤로 절을 짓고 경전을 편찬했으며 수많은 스님들을 득도하게 했습니다. 이것들이 어떤 공덕이 있겠습니까?"

"전혀 공덕이 없습니다."

"어찌하여 아무런 공덕이 없습니까?"

"이것은 다만 인천人天의 조그만 과보요 번뇌와 업의 씨앗이 될 뿐이니, 마치 그림자가 본체를 따르는 것과 같아서 비록 있기는 하지만 실체가 아닙니다."

"어떤 것이 진정한 공덕입니까?"

"깨끗한 지혜는 원만하고 미묘하며 본체는 스스로 텅 비고 고요하니, 이와 같은 공덕은 세속적인 것으로는 구할 수가 없나이다."

무이도武夷圖 [140쪽]

1) 무이구곡도武夷九曲圖: 무이武夷는 중국 복건성에 있는 산 이름이다. 이 산중에 구곡九曲의 골짜기가 있어서 경치가 매우 아름답다.

2) 망천도輞川圖: 망천輞川은 지명이다. 당나라 때 시인 왕유王維의 별장이 있던 곳으로 섬서성 남전현에 있다.

3) 계두마사鷄頭摩寺: 아육왕이 지었다는 서역西域의 절로서, 아미타불의 불상이 여기서 비롯되었다고 한다. 도선道宣의 「집신주삼보감통록集神州三寶感通錄」에 따르면, 천축 계두마사의 오통五通 보살이 극락 세계에 가서 사바의 중생이 정토에 왕생하고자 하는 원을 이룹게 할 아미타불의 형상을 청하였더니, 미타가 이를 허락하였다. 오통 보살이 절로 돌아오니 아미타불 상이 먼저 와 있었는데, 아미타 부처님을 중심으로 오십 명 보살의 상을 그린 것이었다.

4) 십육관경十六觀經: 「관무량수경」을 말한다. 아미타불의 몸이나 정토의 모습을 관觀함으로써 정토에 왕생할 수 있는 열여섯 가지의 관법觀法을 설하고 있다.

5) 안양安養: '극락' 의 다른 이름.

조계曹溪는 생각을 끊지 않는다 〔144쪽〕

1) 와륜臥輪: 당나라 초엽의 스님으로, 「와륜선사간심법臥輪禪師看心法」, 「와륜선사게臥輪禪師偈」를 지은 정토계의 선사이다. 그의 관심법은 육조 혜능에게서 비판받았다.

　본문 첫머리에 나오는 육조의 게송은 와륜 선사의 다음과 같은 게에 대해 읊은 것이다.

　와륜은 기량이 있어서
　온갖 생각들을 끊을 수 있다.
　경계를 대해도 마음이 일어나지 않으니
　보리가 날마다 자란다.

　臥輪有技倆
　能斷百思量
　對境心不起
　菩提日月長

생사의 근본 〔147쪽〕

1) 황노직黃魯直: 황정견黃庭堅(1045-1105년) 거사를 말한다. '노직魯直'은 그의 자이고, 호는 '산곡山谷'이다. 송나라 때의 시인이자 서예가로서, 불교를 깊이 믿어 거사로서 황룡 조심黃龍祖心 선사의 법을 이었다. 만년에는 부빈涪濱에 정사를 짓고 정토를 수행하였다.

염불은 한결같이 해라 〔150쪽〕

1) 우란분재: '우란분'은 '거꾸로 매달리다'라는 뜻이다. 우란분재는 아귀도에 떨어져서 거꾸로 매달려 괴로움을 당하고 있는 망자를 위해 불사를 해서 그 괴로움으로부터 벗어나게 하는 의식이다.

갖가지 법문 〔151쪽〕

1) 무명無明 혹장惑障: 무명에서 비롯된 미혹의 장애. 중생은 누구나 무명에 가리어 미혹된 마음을 일으키니, 이것은 진리로 나아가는 데 장애물이 된다.

집착 [152쪽]

1) 예羿: 하夏나라 유궁씨有窮氏의 임금 후예后羿를 말한다. 신성을 지닌 영웅으로 궁술의 명인이라 한다. 또는 요 임금 때 아내 항아와 함께 인간 세계로 내려온 천신天神 예를 말하기도 하는데, 활쏘기에 뛰어나 세상을 가뭄으로 괴롭히던 아홉 개의 태양을 차례로 쏘아 떨어뜨리고 인간을 재앙에서 건졌다고 한다.

2) 요遼: 본디 요동 사람 정영위丁令威인데, 영호산靈虎山에 가서 도를 배워 신선이 되었다가 천 년이 지난 뒤에 학을 타고 요동으로 돌아왔다 하는 전설 속의 인물이다.

3) 연連: 미상.

일전어一轉語 [154쪽]

1) 일전어一轉語: 선사가 학인의 미망을 깨뜨려서 그의 수행이 크게 비약하기를 촉구하는 말을 이른다. 또는 학인 자신이 미혹에서 깨달음을 얻은 한 마디 언구를 뜻하기도 한다.

고준한 가풍 [155쪽]

1) 정명淨名: '유마 거사'를 달리 부르는 이름.

2) 일칙어一則語: 짧은 법어.

3) 태아검太阿劍: 명검의 이름.

일은 굳게 마음먹은 사람을 두려워한다 [156쪽]

1) 고봉: 고봉 원묘高峰原妙(1238-1295년) 선사를 말한다. 남송 말, 원대 초의 큰 스님으로서, 제자가 몇 백 명에 이르고 수계자만도 몇 만 명에 이르렀다.

방참반 [158쪽]

1) 약석藥石: '약식藥食'이라고도 한다. '병을 치료하기 위하여 먹는 음식'이라는 뜻으로, 스님들의 저녁 공양을 이렇게 부른다.

마음과 담膽 [159쪽]

1) 황벽: 황벽 희운黃蘗希運(?-850년) 선사를 말한다. 당나라 때 스님이다. 복주의 황벽산에 출가한 뒤로, 강서성 백장산의 백장 회해百丈懷海의 제자가 되어 그의 현지玄旨를 이어받았다.

2) 추행 사문矗行 沙門: 황벽 선사가 염관사鹽官寺에 있을 때의 일이다. 법당에서 부처님
께 예배를 올리고 있노라니, 뒷날에 당나라 선종宣宗이 된 사미가 물었다.

　"부처를 구할 것도 없고, 법을 구할 것도 없고, 승을 구할 것도 없으니, 장로께서는 예
배하여 대체 무엇을 구하려 하십니까?"

　"부처를 구하지도 않고, 법을 구하지도 않고, 승을 구하지도 않으니, 항상 이와 같은
일을 예배하노라."

　또 물었다.

　"예를 해서 어디다 씁니까?"

　그러자 선사가 사미의 빰을 후려갈겼다.

　사미가 "무척 거친 자(추행사문矗行沙門)로군!" 하니, 선사가 "여기에 무엇이 있기에
거칠다 하고 부드럽다 하는가!" 하였다.

중봉中峯 화상의 말씀 〔160쪽〕

1) 천목 중봉天目中峯: 중봉 명본中峯明本(1263-1323년) 선사를 말한다. 남송말, 원초 때
스님이다. 어려서 천목산의 고봉 원묘에게 출가하여 그의 법을 이어받았다. 승속이 모두
존경하여 강남의 고불古佛이라 불리었다. 저서에 「중봉화상광록中峰和尚廣錄」이 있다.

2) 우두牛頭: 우두 법융牛頭法融(594-657년) 선사를 말한다. 수말, 당초 때 스님이다. 우
두종牛頭宗의 개조로서, 우두산牛頭山 유서사幽棲寺의 북암北巖 석실에 살 때 온갖 새가
꽃을 물어와 바위 위에 떨어뜨리는 이적이 있었다.

3) 마조 대사가 전법원傳法院)에서 하신 일: 마조가 전법원에 머물면서 좌선하고 있을
때 스승인 남악 회양南岳懷讓과 나눈 유명한 문답이 있다.

시끄러운 것을 싫어하고 고요한 것을 찾다 〔162쪽〕

1) 고봉高鳳: 후한 사람으로 자는 '문통文通'이다. 밤낮으로 독서를 쉬지 않아 마침내 이
름난 유학자가 되었다. 원화元和 때에 서당西唐의 산중에서 제자를 가르치다가, 임금의
부름을 받았지만 마다하고 어조漁釣에 몸을 숨겼다.

참구염불參究念佛 〔164쪽〕

1) 공곡空谷: 공곡 경융空谷景隆 선사를 말한다. 자는 '조정祖庭'이다. 백련白蓮 눈운 지안嫩雲智安의 법을 이었다.

2) 천기天奇: 혜사, 남악 회양, 마조 도일 등의 계통을 잇는 남악하 30세 스님으로, 보봉 명선寶峯明瑄 선사의 법을 이었다.

3) 독봉毒峯: 독봉 계선毒峯季善 선사를 말한다. 남악하 27세 스님으로, 월계 징月溪澄의 법을 이었다.

염불은 참선에 방애가 되지 않는다 〔165쪽〕

1) 원조 본圓照本: 혜림 종본慧林 宗本(1020-1099년) 선사를 말한다. 송나라 때 스님으로서, 승천 도원承天道原, 도승道昇, 천의 의회天衣義懷 등에게 참학한 뒤에, 천의의 법을 이어받았다. 시호는 원조圓照 선사이다.

2) 진헐 료眞歇了: 진헐 청료眞歇清了(1089-1151년) 선사를 말한다. 송나라 때 스님으로서, 열여덟 살에 구족계를 받고 성도 대자사大慈寺에서 경론을 수학하였다. 그 뒤 단하 자순丹霞 子淳를 만나 참학하여 그의 법을 이어받았다.

3) 영명 수永明壽: 영명 연수永明延壽(904-975년) 선사를 말한다. 오대五代 말 송나라 초기 스님으로서, 스물여덟 살에 설봉 의존雪峰義存의 법을 이은 취암 영참翠巖令參에게서 득도했다. 그 뒤에 천태 덕소天台德韶의 법을 이어 법안종 3세가 되었다. 저술로는 「종경록宗鏡錄」(100권), 「만선동귀집萬善同歸集」(3권), 「유심결唯心訣」 등이 있다.

4) 황룡 신黃龍新: 황룡 오신黃龍悟新 선사를 말한다. 불타원佛陀院 덕덕德에게 귀의하여 출가 수계했다. 여러 지방을 행각하다가 황룡 조심黃龍 祖心(1025-1100년)에게서 참학하여 그의 법을 이어받았다. 스스로를 일러 '사심수死心叟'라고 하였다.

5) 자수 심慈受深: 혜림 회심慧林懷深(1077-1132년) 선사를 말한다. 열네 살에 삭발하여 장로 숭신長蘆崇信에게서 참학하고 그의 법을 이어받았다. '자수慈受 선사'라고도 한다.

5) 상적광토常寂光土: 부처, 또는 우주가 머무는 곳. 이 곳에 계시는 부처님을 '법신불法身佛'이라 한다.

마음이 곧 부처 〔167쪽〕

1) 대매大梅: 대매 법상大梅法常(752-839년) 선사를 말한다. 마조 도일馬祖道─ 회하에서 바로 큰 깨달음을 얻은 뒤로 대매산大梅山에서 30년 동안 은거하였다.

참선 〔168쪽〕

1) 공안公案: 본디는 국가의 법령을 전하는 공문서를 뜻하는 '공부公府의 안독案牘'을 줄여 이르는 말이다. 준수해야 할 절대적인 규범을 뜻한다. 선문에서는 불조佛祖가 열어 보인 불법의 도리를 말한다. 공안은 당나라 때의 선문답에서 형성되기 시작하였다. '화두話頭' 또는 '고칙古則'과 같은 뜻이다.

2) 아호 대의鵝湖大義(746-818년): 당나라 때 스님으로서, 출가하여 스무 살이 되어 구족계를 받고, 강서성 홍주洪州의 마조 도일馬祖道─에게서 참학하여 그의 법을 이어받고, 강서성 신주信州 아호산鵝湖山에 머물렀다. 효문제孝文帝의 부름에 응하여 법을 설하였고, 덕종德宗과 순종順宗에게도 법을 설하였다. 시호는 혜각慧覺 대사이다.

아랫사람을 불쌍히 여기다 〔170쪽〕

1) 당일암唐─庵: 명나라 '당추唐樞'를 일컫는 존칭이다. 귀안歸安 사람으로 뒤에 진사가 되었다. 명사明史 206에 그 이름이 나온다.

보살 〔171쪽〕

1) 악명포惡名怖와 대중위덕포大衆威德怖: 아직 진리를 체득하지 못한 사람이 갖는 다섯 가지 두려움을 뜻하는 '오악포五惡怖'를 가리키는 말이다. '악명포惡名怖'는 나쁜 일을 하고 숨기면서 이것이 발각되어 나쁜 소문이 세상에 퍼질까 두려워하는 것이고, '대중위덕포大衆威德怖'는 여러 사람 앞에 나서는 일을 두려워하는 것이니, 임금이나 지식인 앞에서 종지를 말할 적에 잘못이 있을까 두려워하여 마음이 침착하지 못한 것을 말한다.

2) 유하혜柳下惠: 춘추 때 노나라 사람으로서 공자 제자의 한 사람이다. '조화와 화해의 성인(성지화자聖之和者)'으로 손꼽힌다.

3) 한단邯鄲에서 걸음걸이를 배우려는 격: 한단은 조나라 수도로서 보행에 능한 습속이 있었는데, 연나라의 소년이 와서 그들의 보행법을 배우다가 제대로 배우지도 못하고, 도리어 제 보행법마저 잊어버렸다고 하는 고사가 있다.

제 소견에만 집착하지 마라 〔172쪽〕

1) 방산方山: 이통현李通玄(635-730) 거사를 말한다. 당나라의 왕족이다. 「신화엄경론新華嚴經論」 40권과 「결의론決疑論」 4권, 「화엄회석론華嚴會釋論」 14권, 「약석略釋」 1권, 「십명론(十明論」 1권 등, 많은 논서를 저술하여 「화엄경」을 해석하였다. 청량 국사와 함께 화엄종의 양족兩足으로 불린다.

2) 청량淸凉: 청량 징관淸凉澄觀(738-839년)을 말한다. 당나라 때 스님으로 화엄종 제4조이다. '청량'은 그가 살던 산 이름을 딴 것이다. 4백여 권의 저술이 있다.

3) 현교顯教: '진리가 드러난 가르침'이라는 뜻이다. 이에 반하여 주력은 밀교密教, 곧 '진리가 비밀스러운 가르침'이라 한다.

스님은 마땅히 검소하고 절약해야 한다 〔174쪽〕

1) 장자소張子韶: 송나라 사람 '장구성張九成'을 말한다. '자소子韶'는 그의 자이다. '무구無垢 거사' 또는 '횡포橫浦 거사'라고도 한다. 예부禮部와 형부刑部 양부 시랑을 지냈다. 재상 진회秦檜의 미움을 사서 남안南安으로 귀양 갔다가, 진회가 죽자 온주溫州 자사가 되었다가 얼마 뒤에 죽었다. 불법에 귀의하였으니, 대혜 종고大慧宗杲선사의 제자이기도 하다.

2) 호극인胡克仁: 미상

팔순의 행각 〔177쪽〕

1) 동토東土: 중국. 인도를 서천西天이라 한 데에 대하여 이르는 말.

2) 서천西天: 인도. 중국에서 볼 때 서쪽에 있는 천축국을 이르는 말.

함부로 고인의 기연機緣을 거론하다 1 〔178쪽〕

1) 기연 어구機緣語句: 선사들이 서로 주고받는 말, 또는 스승이 제자를 위해 일러 주는 말.

함부로 고인의 기연機緣을 거론하다 2 〔180쪽〕

1) 법안法眼: 법안 문익法眼文益(885-958년) 선사를 말한다. 당말 오대五代 스님. 일곱 살에 전위全偉 선사에게 귀의하고, 월주 개원사開元寺에서 구족계를 받았다. 장경 혜릉長慶慧稜에게서 참학한 뒤에, 나한 계침羅漢桂琛에게서 여러 해 참학하여 법을 이어받았다. 선교 불이禪教不二의 입장을 주장한 법안종法眼宗의 개조이다. 일흔넷에 대중에게 고한 다음 결가부한 채 입적했다. 저서로 「종문십규론宗門十規論」과 「어록語錄」이 있다.

사리에 맞지 않는 시주를 받다 〔181쪽〕

1) 운서사雲棲寺: 항주부 전당현 오운산五雲山 서쪽에 있다. 운서 주굉 화상의 염불종의 근본 도량이다. 건덕乾德 5년(967년)에 오월왕 전錢 씨가 창건하고 대선 지봉大扇志逢이 개산하였다. 처음에는 진청眞清, 운서雲棲, 천지天池의 세 절이 있었으나 송나라 치평治平 2년(1065년)에 서진원棲眞院으로 이름을 고쳤다. 그 뒤로 황폐한 채로 있더니 명나라 융경隆慶 5년(1571년)에 주굉 화상이 선실을 짓고 염불과 계율을 닦으면서 화상의 근본 도량으로 재흥하였다. 지금은 사찰의 모습은 간데없고 철도청 관사로 쓰이고 있다.

직언直言 〔182쪽〕

1) 자자일自恣日: '자자自恣' 란 '자유롭게', '허심 탄회하게' 라는 뜻이다. 뒷날에 '자자自恣' 대신에 '수의隨意' 라고 새롭게 고쳐 썼는데 이 또한 '마음대로', '자유롭게' 라는 뜻이다. 하안거의 마지막 날에 정진하던 대중이 한 자리에 모여 견見, 문聞, 의疑의 세 가지 일에 대하여 제가 저지른 잘못을 고백 참회하고, 제가 미처 깨닫지 못한 잘못은 대중이 드러내 일러 줄 것을 대중에게 청하는 스님들의 의식이다.

선지식을 가까이해라 〔189쪽〕

1) 나도羅道: 명나라 가정嘉靖 연간에 나인羅因(1442-1527년)이 창립한 민간 신앙의 한 가지. '무위교無爲敎' 라고 한다. 무위교의 종지는 선종禪宗에 가까우나 문자를 세우지 않고 불상과 사찰을 부정하기 때문에 '오공교悟空敎' 라고도 한다.

남악과 천태의 자언自言 〔192쪽〕

1) 남악南嶽: 천태종 2조인 남악 혜사南嶽慧思를 말한다.
2) 천태天台: 천태종 3조인 천태 지자天台智者 대사를 말한다.
3) 철륜위鐵輪位: 보살이 행하여야 하는 52계단 중 최초의 10계단인 십신十信을 말한다. 천태종에서 수행 단계를 여섯 윤왕輪王으로 비유하여, 철륜위鐵輪位는 십신十信, 동륜위銅輪位는 십주十住, 은륜위銀輪位는 십행十行, 금륜위金輪位는 십회향十回向, 유리윤위琉璃輪位는 십지十地, 마니윤위摩尼輪位는 등각等覺에 각각 배대하였다.
4) 오품五品: 오품 제자위五品弟子位. 수행의 정도로서, 십신十信 이전의 다섯 단계를 말한다.
5), 6) 신위信位·주위住位: 수행의 계위 가운데 가장 낮은 십신위十信位와, 그 다음 계위인 십주위十住位를 말한다.

물을 건너 보살을 찾아가다 [194쪽]

1) 사명四明: 지금의 절강성 은현鄞縣.

2) 별자문鼈子門: 절강성의 절강 하류인 전당강이 바다로 흘러들어가는 곳의 별칭.

수행은 출가함에만 있지 않다 [196쪽]

1) 금단金丹: 도사가 정련한 황금의 정으로 만든 환약으로, 먹으면 장생 불사한다고 한다.

2) 아란야阿蘭若: '수행할 만한 고요한 곳'이란 뜻으로, '절'을 달리 이르는 말이다.

시험 [202쪽]

1) 종리 진인鐘離眞人: 종리건鍾離權을 말한다. 당나라 때의 유명한 선인仙人이다. 호는 '화곡자和谷子' 또는 '정양자正陽子'라고 한다.

2) 동빈洞賓: 당나라 말엽의 유명한 도사로서, 선술仙術을 얻은 뒤에 늘 호상湖湘에서 노닐었다.

제자가 스승을 위하여 상복을 입다 [204쪽]

1) 양서兩序: 법당 기둥을 기준으로 동과 서로 나누어 서는 서열의 방식.

224